Dieses Buch gehört:

_____

_____

Gisela Allkemper

Endlich Kürbiszeit!

Hölker Verlag

5 4 3 2 1
ISBN 3-88117-536-9

Gestaltung: Heidrun Schröder
Redaktion: Monika Römer
© 2000 Verlag Wolfgang Hölker GmbH, Münster
Alle Rechte vorbehalten, auch auszugsweise.

Printed in Belgium

INHALT

For pottage and puddings, and custards, and pies,
Our pumpkins and parsnips are common supplies,
We have pumpkins at morning and pumpkins at noon;
If it were not for pumpkins, we should be undoon.

(Gertrude Ida Thomas: Food of Our Forefathers, 1941)

VORWORT

Das Thema „Kürbis in der Küche" beschäftigte mich schon, bevor die „Kürbis-Welle" auch Deutschland erreichte. Anstoß für mein Interesse war ein Amerikabesuch, der mir köstliche Kürbisgerichte bescherte, und bei dem ich das Halloween-Brauchtum so richtig miterleben konnte. Aber von diesen Erlebnissen bis zum Sammeln und Aufschreiben war noch ein weiter Weg...

In vielen Ländern seit Jahrtausenden sehr verbreitet, kommt der Kürbis bei uns erst jetzt so richtig „ins Gerede". Gegen Ende des Sommers und im Herbst quellen die Wochenmärkte geradezu über von Bergen der verschiedensten Sorten. Was kann man aus ihnen zubereiten? Wie gehen andere Völker mit ihnen um? Ist das allgemeine Interesse nur eine Modeerscheinung, die wieder vergeht? All diese Fragen ließen mir keine Ruhe.

Ihnen ein wenig die „tolle, dicke Frucht" näher zu bringen, sie Ihnen als Bereicherung Ihres Speiseplans ans Herz zu legen, das ist mein Anliegen mit diesem Buch. Möge es ein aufnahmefreudiges, treues Publikum finden!

In diesem Sinne viel Freude beim Durchblättern und gutes Gelingen beim Nachkochen wünscht Ihnen Ihre

Gisela Altrenner

Die Rezepte sind, falls nicht anders angegeben, für 4 Personen berechnet.

WISSENSWERTES RUND UM DEN KÜRBIS

Zur Geschichte

In China nennt man den Kürbis „Kaiser des Gartens". In Griechenland lautet eine alte Redewendung „Gesund wie ein Kürbis". Und das kommt nicht von ungefähr. Auch wir wissen heute um den gesundheitsfördernden Wert der Frucht (darüber an anderer Stelle mehr).

Die wohl ältesten Belege für die Existenz von Kürbissen stammen aus Mittelamerika. Man fand Kürbissamen in mexikanischen Grotten, die auf 7000 vor Christus zurückgehen. Sie ließen den Schluss zu, dass die Indianer Mittelamerikas den Kürbis schon vor 8000 Jahren schätzten. Den Indianern ging es weniger um das Fruchtfleisch, das zum Teil noch aus ungenießbaren Züchtungen stammte, als vielmehr um die Kerne und die harten Schalen. Den Kernen sprach man heilende Kräfte bei Blasenleiden und Bandwurmbefall zu. Sie wurden gemahlen, als Tee verabreicht oder wie Mehl zu Tortillas und anderem verarbeitet. Dies belegen einige 4000–5000 Jahre alte Rezepte. Die Schalen dienten als Kochgeschirr, und die länglichen Birnenformen der Kalebassen (Flaschenkürbisse) hielten Getränke für lange Zeit frisch. Und die Urbevölkerung Argentiniens und Uruguays kannten schon spezielle Züchtungen, wie z.B. den dicken Winterkürbis.

Als die ersten Siedler aus England und Irland nach Nordamerika kamen, brachten auch sie, ohne von den Indianern zu wissen, Kürbissamen mit, eigentlich um Futterpflanzen für ihre Schweine anzubauen. Aber die Not der Menschen machte sie erfinderisch im Umgang mit dem Kürbis. In harten Zeiten ersetzte er ihnen größtenteils die teurere Kartoffel. Einige wenige Rezepte sind aus dieser Zeit noch erhalten. Vermutlich waren die Kürbissamen im Zuge des regen Warenverkehrs der Ostindischen Handelsgesellschaft nach England gelangt. Denn auch in Indien und China war der Kürbis das Grundnahrungsmittel schlechthin.

Entdeckungsreisende und angeheuerte Feldarbeiter taten ein Übriges zur Verbreitung des Gemüses. Man kann behaupten, dass der Kürbis in fast allen feucht-heißen Ländern vertreten ist, da er dort die besten Wachstumsbedingungen vorfindet. Selbst im südlichen Russland und in Rumänien ist er seit Jahrhunderten wegen der öl- und vitaminreichen Kerne und des preiswerten, sättigenden Fleisches sehr geschätzt.

Kürbisfeste im Wandel der Zeiten

So langsam hat es sich herumgesprochen, Kürbis ist „in". Auch bei uns kocht und bastelt man inzwischen mit der vielseitigen Frucht. Was bei anderen Völkern seit Jahrhunderten gepflegt wird, was in Nordamerika im Mittelpunkt eines der beliebtesten Feste steht, bürgert sich nun auch bei uns ein.

Ihren Ursprung haben die Kürbisfeste in Riten, die in England und Wales von den keltischen Druiden begangen wurden. Halloween – das keltische Wort „Hallow" bedeutet heilig – war der Vorabend von Hallomes, dem Allerheiligenfest am 1. November. Am Abend des 31. Oktober fand ein Dankesfest für den Sonnengott statt, in dessen Verlauf die bösen Geister des alten Jahres mit Feuer und Lärm vertrieben wurden. Das neue Jahr sollte mit Heiterkeit, Vergnügen und gutem Essen begrüßt werden. Überall brannten große Feuer, um die herum Geistergestalten ausgelassen tanzten. Die Feuer wichen im Laufe der Zeit Lampions, die zunächst aus Riesenkohlrabis geschnitzt wurden.

Die ersten Siedler, die nach Nordamerika auswanderten, nahmen dieses Brauchtum in ihre neue Heimat mit. Sie zogen jedoch den Kohlrabis die Kürbisse vor. Im ersten Jahr ihrer Auswanderung feierten die Siedler mit Halloween vor allem ihr Überleben, ihre neue Existenz.

Heute begehen viele Amerikaner Halloween etwa so: Ein oder zwei Tage vorher höhlen sie einen möglichst großen Kürbis aus und verpassen ihm ein Gesicht, das von innen mit einer Kerze beleuchtet wird. Diese Fratzen stellen sie am Halloween-Abend auf eine Fensterbank oder vor die Haustür. Man sagt, damit könne man böse Geister verjagen. Außerdem ziehen fantasievoll verkleidete Kinder mit tragbaren Kürbislampions von Haus zu Haus, von Straße zu Straße, treiben Schabernack und erbitten Süßigkeiten oder Spielsachen. „Trick or treat" lautet ihr Spruch, und wehe dem, der das nicht verstehen will.

Halloween ist ein Fest für Erwachsene und Kinder gleichermaßen. Es wird von allen intensiv gefeiert. Maskenfeste in den Schulen, Wettbewerbe um den schönsten Kürbis und Umzüge gehören ebenso dazu wie ein besonderes Dinner, später am Abend, und die gemütliche Runde am Kamin, bei der Schauergeschichten erzählt werden, und zu der sich auch Freunde einfinden.

Halloween-Laternen basteln

Sie können es den Amerikanern leicht nachtun: Suchen Sie sich einen mittel-
großen, orangefarbenen Riesen aus, der einen flachen Boden hat, damit er sicher
steht. Schneiden Sie den Deckel ab und höhlen Sie die Frucht aus. Das geht am
besten mit einem stabilen, scharfkantigen Esslöffel. Eine Wand von ungefähr drei
Zentimetern Dicke sollte stehen bleiben. Danach zeichnen Sie von außen ein
Gesicht auf die Schale, das dann mit einem scharfen, spitzen Messer, einem
Cutter oder mit Laubsägeblättern herausgeschnitten wird. Für den Kerzenhalter
schneiden Sie am besten einen passenden Streifen Metallfolie zu. Die Unter-
kante wird grob gezackt und in den Kürbisboden gedrückt. Damit dieses Kunst-
werk nicht zu schnell austrocknet und schrumpelt, reibt man die Schnittflächen
mit Öl oder Vaseline ein. Ein Wasserbad von mehreren Stunden ist ebenfalls hilf-
reich. So können Sie den Feuchtigkeitsverlust bis zu fünf Tagen hinauszögern.

Anbau und Ernte

Der Kürbis wächst innerhalb eines Jahres aus einem Kern von unter zwei Zentimetern Größe zu einer Pflanze mit Ranken von mehreren Metern Länge heran. Gepflanzt wird im März: Man füllt einen großen Blumentopf mit humusreicher Erde, steckt zwei bis drei Samen zwei Zentimeter tief hinein und stellt den Topf an einen sonnigen Fensterplatz. Die kräftigen Jungpflanzen können dann im Mai im Freien ausgepflanzt werden.

Nach den letzten Frösten, also ab Ende April, Anfang Mai, kann man die Samen auch direkt ins Erdreich legen, am besten am Rande eines Komposthaufens. Die Ranken, die am Boden und über den Kompost wachsen, halten diesen feucht und der wiederum düngt die jungen Pflanzen. In jedem Fall empfiehlt es sich, genügend Platz einzukalkulieren, denn eine einzige Kürbispflanze kann zwei bis vier Quadratmeter beanspruchen. Hat man nicht so viel Platz, greift man lieber zu solchen Kürbisarten, die an Gestellen hochranken. Kürbisse gedeihen besonders gut an warmen Plätzen, am besten in der Nähe Schatten spendender Pflanzen. Früchte, die der prallen Sonne ausgesetzt sind, neigen dazu zu platzen, darum sollte man sie mit einem großen Blatt abdecken.

Die Kürbispflanze hat haarige Blätter, die für eine hohe Wasserverdunstung sorgen. Deshalb benötigen die Pflanzen neben humusreichem Boden täglich viel Wasser (bis zu 50 Litern). Die Pflanze bildet gelbe, trichterförmige Blüten sowohl männlichen als auch weiblichen Geschlechts aus. Nur letztere bilden Früchte aus. Die männlichen Blüten dagegen knipst man ab (sie sind in der Küche vielseitig verwendbar). Jeder, der Kürbisse von rekordverdächtiger Größe ernten möchte, sollte die Zahl der Blüten noch weiter reduzieren. Denn hier gilt die Faustregel: je weniger Blüten, desto größere Früchte.

Damit die heranwachsenden Kürbisse weder faulen noch Druckstellen bekommen, unterlegt man sie am besten mit Stroh, einem Ziegelstein oder einem Brett. Sommerkürbisse werden schon im August geerntet, wenn sie noch unreif sind. Winterkürbisse dagegen lässt man bis kurz vor dem ersten Frost voll ausreifen. Man schneidet sie fünf Zentimeter vom Stängelansatz entfernt ab. Vollreife Früchte besitzen einen eingetrockneten Stiel, und die Frucht selbst klingt hohl, wenn man gegen ihre Schale klopft.

Tipps zu Lagerung und Konservierung

Da es nicht das ganze Jahr über frische Kürbisse gibt, sie aber im Spätsommer und Herbst überaus zahlreich vorhanden sind, sollte man Folgendes beachten:

☞ Ganze Kürbisse halten sich bei richtiger Lagerung und bei einer Temperatur von 10–13 °C mehrere Wochen, Winterkürbisse bis zu mehreren Monaten (etwa bis Februar). Sie werden an einem luftigen Platz in einem Netz aufgehängt. So bekommen sie keine Druckstellen.

☞ Kürbissegmente, die nicht sofort verwendet werden, halten sich 2–3 Tage im Kühlschrank.

☞ Wollen Sie sie erst nach längerer Zeit weiterverarbeiten, entfernen Sie Fasern und Kerne, schälen das Fruchtfleisch und würfeln es. Danach blanchieren Sie die Kürbiswürfel in wenig Wasser mit Zitronensaft 2–3 Minuten und füllen sie in Gefrierdosen, oder man püriert sie und portioniert das Mus in Dosen. Obenauf etwas Zitronensaft gießen, damit das Gefriergut nicht braun wird. So hält sich das Kürbisfleisch mehrere Monate.

☞ Wenn Sie die Kerne verwerten wollen, werden diese von Fasern getrennt, gewaschen und gekocht. Dabei platzen die hellen Schalen auf und die Kerne lassen sich problemlos herauslösen. Nur wenige Kürbissorten haben schalenlose Kerne (z.B. Buschölkürbisse aus der Steiermark).

☞ Nach dem Kochen trocknet man die Kerne und brät sie in einer Pfanne mit wenig oder ganz ohne Öl. Dabei wie bei Mandeln verfahren: entweder salzen oder mit Zimt und Zucker süßen. Man bewahrt sie in Gläsern im Kühlschrank auf und verwendet sie für Salate, Gemüsegerichte oder Desserts (Rezepte siehe S. 62 ff.). Im Orient knabbert man sie seit jeher den ganzen Tag über so nebenbei. Doch darüber an anderer Stelle mehr.

Sorten, Aussehen und Geschmack

Etwa 800 Sorten zählt die Kürbisfamilie (Cucurbitaceae), zu der auch Gurken und Melonen gehören. Für Hobbyköchinnen und Hobbyköche ist aber weniger die botanische Unterscheidung der Arten und Sorten von Interesse als eine nach Reifegrad und Verwendungsart. Demnach unterteilt man sie grob in Sommer-, Winter- und Zierkürbisse:

- Sommerkürbisse (Gemüsekürbisse) sind besonders schnellwüchsig und werden unreif geerntet. Zu ihnen zählen die weißen, gelben und grünen Patissons, auch unter der Bezeichnung Bischofsmützen bekannt, ebenso wie die Sommer-squashes und die kleinen, roten Jack Be Little. Das Fleisch der Sommerkürbisse ist von angenehm nussigem Geschmack. Sie halten sich etwa drei Wochen. – Übrigens sind die Zucchini als Gurkenkürbisse eng mit ihnen verwandt.
- Winterkürbisse (Speisekürbisse) werden erst kurz vor dem ersten Frost voll ausgereift geerntet und sind bei sachgemäßer Lagerung sehr lange haltbar (s. S. 13). Zu ihnen zählen die Riesenkürbisse, von denen der Grüne oder Gelbe Zentner bis zu 100 kg Gewicht auf die Waage bringt. Der Zentner ist vielseitig verwendbar, da sein Geschmack mild und sein Fleisch zum Einkochen und Pürieren bestens geeignet ist.
- Zur Gruppe der Winterkürbisse gehören auch die vielen verschiedenen Arten der Moschuskürbisse, von denen der Hokkaido wohl der beliebteste ist. Er ist in verschiedenen, eher kleineren Größen im Handel, hat eine orangefarbene, feste, glatte Schale und zeichnet sich durch einen hohen Carotingehalt aus. Er weist einen angenehmen Maronengeschmack auf, der bei sachgemäßer Lagerung steigt und besonders Pies ein angenehmes Aroma verleiht. Aber auch andere Sorten von Moschuskürbissen sind kulinarisch sehr interessant: Das Fleisch des Muskatkürbisses z.B. hat eine charakteristische Muskatnote und eine intensive Süße. Der „Butternut" schmeckt ebenfalls süß und verleiht Saucen eine sämige Konsistenz. Der „Table Queen" eignet sich vor allem zum Braten. Der Türkenturban mit seiner Kronenform sieht zwar aus wie ein Zierkürbis (s.u.), ist aber ein Speisekürbis.
- Zierkürbisse sind, wie schon der Name sagt, nicht zum Verzehr geeignet. Sie können aber im Herbst als hübscher Tafelschmuck dienen, und man kann mit ihnen herrlich basteln. Einige wie Flaschen geformte Kürbisse (Kalebassen) eignen sich bestens als Trinkgefäße.

Anzumerken wäre noch Folgendes: Die verschiedenen Kürbissorten lassen sich leicht kreuzen, deshalb sind immer neue Sorten auf dem Markt zu finden. Fragen Sie also den Händler einfach, was er im Angebot hat.

Nährwerte

Der Kürbis ist ohne Frage ein gesundes Produkt. Er besteht zu 90 % aus Wasser, hat aber Kohlenhydrate in Form von Zucker, etwas Eiweiß, kein Fett und mehr Carotin als Möhren. 100 g Kürbisfleisch enthalten außerdem 30 mg Calcium, 8 mg Magnesium und 1 mg Eisen. Mit 10 mg Vitamin C und vielen Vertretern der Vitamin-B-Gruppe ist das Kürbisfleisch ein richtiger Gesundbrunnen. Zudem enthalten 100 g davon nur etwa 25 kcal. Es entwässert, lindert Nieren-erkrankungen und wirkt Harn treibend. Auch bei Prostataerkrankungen ist Kürbisfleisch ein hilfreiches Naturprodukt.

Grundregeln für die Zubereitung

Sommerkürbisse, allen voran Patisson und Jack Be Little, kocht man mit der Schale. Sie wird beim Kochen weich und kann mitgegessen werden. Man schneidet die Kürbisse vom Stiel zum Blütenansatz durch, entfernt Fasern und Kerne und brät, schmort, kocht, füllt oder dämpft sie mit der Schale.

Winterkürbisse sind hartschalig und fest im Fleisch. Ihre Schalen werden, wenn man sie nicht zum Füllen, quasi als Schüssel benutzt, weggeworfen. Meistens verwendet man das saftige Fleisch des Riesenkürbisses, des Grünen, Gelben oder Roten Zentners und des Hokkaidos. Ihre Stängel sollten holzig, ihr Fleisch fest sein. Klopft man an ihre Schale, müssen reife Früchte hohl klingen. Beachten Sie beim Einkauf, dass Sie 20–30 % Abfall einkalkulieren müssen. Segmente, die man längs herausschneidet, werden von den Fasern und Kernen befreit. Die Schale schneidet man ab. Das Fleisch wird gewürfelt und, da es beim Kochen Saft zieht, nur mit wenig Wasser aufgesetzt. Je nach Rezept wird es in Würfeln oder als Mus weiterverarbeitet. Da das Fleisch relativ geschmacksneutral ist, kommt es auf das richtige Würzen an. Ob süß oder salzig verarbeitet, sollten Sie exotische Gewürze wie Nelken, Ingwer, Curry, Safran, Zimt, Kardamom und Koriander verwenden. Außerdem erhöhen weißer oder schwarzer Pfeffer, Cayennepfeffer, Paprika, Knoblauch, Zwiebeln und Senf den Eigengeschmack. Als Kräuter sind Basilikum, Minze und Majoran gute Begleiter für den Kürbis. Und das Allround-Gemüse harmoniert auch mit den Aromen von Mandeln, Pinienkernen und Zitronen bzw. Limetten.

Die Kürbiskerne

Die Samenkerne des Kürbisses sind reich an Vitaminen, Mineralien sowie Spurenelementen. Durch ihren Ölanteil von 40 % haben sie etwa 540 kcal auf 100 g. Sie sind ein wirksames Naturheilmittel gegen Blasen- und Prostataleiden. Sie schmecken nussig und sind ebenso vielseitig verwendbar wie Mandeln, Pistazien oder Pinienkerne. Die Kerne der meisten Kürbissorten sind von einer weißen Schale umhüllt, die, wie bei Pistazien, beim Kochen platzt. Danach lassen sich die Kerne mühelos herausschälen. Bei den Buschölkürbissen dagegen fehlen die Schalen. Die Kerne sind dunkelgrün und dienen hauptsächlich zur Ölgewinnung und Arzneimittelherstellung. Besonders im Süden Deutschlands, in der Steiermark, Rumänien und Russland gewinnt man aus den Kernen, nachdem man sie gekocht, geröstet und gestampft hat, ein dunkelgrünes, höchst schmackhaftes Öl. Es wird zwar nicht kaltgepresst, enthält aber die wichtigen Nährstoffe der Kerne. Das Öl hält sich, kühl und dunkel in einer fest verschlossenen Flasche gelagert, ungefähr ein Jahr.

Bei uns wurden Kürbisse bislang meistens nur wegen des Fruchtfleisches gezüchtet, die Kerne gehörten eher zum Abfall. Im Orient dagegen wurden die Kerne, geröstet und gesalzen, schon immer geknabbert.

Will man die Kerne in der Küche einsetzen, muss man selbstverständlich nicht gleich einen ganzen Kürbis ziehen oder kaufen. Sie sind auch in Apotheken, Reformhäusern, Bioläden und in den Naturkostabteilungen gut sortierter Supermärkte erhältlich. Sie sind, wie gesagt, sehr ölhaltig und werden leicht ranzig. Darum sollten sie gut verschlossen im Kühlschrank aufbewahrt werden.

Die Kürbiskerne können wie Nüsse beim Backen und bei der Zubereitung von Müslis, Salaten, kalten Saucen und Gemüsegerichten verwendet werden.

VORSPEISEN, SNACKS UND SALATE

Gebackene Kürbisscheiben

2 kleine Kürbisse (z.B. Patissons), Salz, Pfeffer, 2 Eiweiß,
einige Tropfen Zitronensaft, 4 EL Cornflakes, leicht zerbröselt,
etwas Kürbiskernöl

Die Kürbisse schälen und quer in fingerdicke Scheiben schneiden. Von Fasern und Kernen befreien. Mit Salz und Pfeffer einreiben. Die Eiweiße mit etwas Zitronensaft zu steifem Schnee schlagen. Die Scheiben zuerst darin und dann in den zerbröselten Cornflakes wenden. Fest andrücken. Das Öl in einer Pfanne erhitzen und die Kürbisscheiben darin knusprig braun ausbacken.
Dazu kann man entweder Joghurtsauce mit frischen Kräutern oder einen pikanten Krabbensalat servieren.

Gebratene Kürbisscheiben mit Schinken

2 kleine Sommerkürbisse, etwas Mehl,
knapp $1/8$ l Oliven- oder Kürbiskernöl, 3 Knoblauchzehen, fein gehackt,
Saft von 1 Zitrone, 2 EL getrockneter Salbei, gerebelt, Salz, Pfeffer,
8 Scheiben luftgetrockneter Schinken

Die Kürbisse schälen und quer in 2 cm dicke Scheiben schneiden. Von Fasern sowie Kernen befreien und in Mehl wenden. Kürbisscheiben von beiden Seiten in Öl goldbraun braten, herausnehmen und warm stellen. Im selben Bratöl Knoblauch, Zitronensaft und Salbei anschwitzen, salzen und pfeffern.
Schinken auf Teller verteilen, Kürbisscheiben daneben anrichten, mit dem Bratöl beträufeln und sofort servieren. Dazu Vollkornbrotstreifen reichen.

Pumpkin-Bits

Ein altes Vorspeisenrezept für das Halloween-Dinner. Traditionell verwertet man bei diesem Gericht das Fleisch eines großen Kürbisses, der zuvor vorsichtig ausgehöhlt wurde. Später dient er dann, mit einem gespenstischen Gesicht versehen, als Dekoration für das Halloween-Fest. Näheres zu Halloween finden Sie auf Seite 10.

*1 kg Kürbisfleisch (Winterkürbis), 20 g Butter, 50 g Parmesan,
etwas Mehl, 2 gehackte Knoblauchzehen, weißer Pfeffer, Salz,
etwas Oliven- oder Kürbiskernöl*

Den Kürbis schälen, von Fasern sowie Kernen befreien und das Fleisch in etwa 3 cm große Würfel schneiden.
Eine Auflaufform mit der Butter einfetten und mit etwas Parmesan ausstreuen. Die Kürbiswürfel in Mehl wälzen und in die Auflaufform legen. Mit Knoblauch und dem restlichen Parmesan bestreuen. Den Kürbis pfeffern, salzen, mit etwas Öl beträufeln und im auf 200 °C vorgeheizten Ofen in etwa 30–40 Minuten knusprig backen. Dazu Toastbrotecken, Baguettescheiben oder knackigen Salat servieren.

Jack Be Little

„Jack Be Little" sind kleine, aromatische Portionskürbisse mit orangefarbenem Fleisch. Als Vorspeise zubereitet, bilden sie in Neuengland häufig den Auftakt zu einem Thanksgiving-Dinner.

*Pro Person: 1 kleiner Kürbis, 1 EL Butter, 1 EL brauner Zucker,
je 1 Msp. Zimt und Muskatnuss*

Von den Kürbissen am Stängelansatz einen Deckel abschneiden. Kerne und Fasern vorsichtig mit einem scharfkantigen Löffel herausnehmen. Butter, Zucker, Zimt und Muskat mit einer Gabel verkneten. Die Mischung in die Kürbisse füllen und die passenden Deckel wieder auflegen. Eine Auflaufform zu $1/4$ mit Wasser füllen, die Kürbisse nebeneinander hineinsetzen und 45 Minuten im auf 175 °C vorgeheizten Ofen garen. Sie sollten dann zartweich sein. Sofort servieren!

Gefüllte Kürbischen

4 kleine Kürbisse (z.B. Jack Be Little, Butternuss oder Patisson),
100 g gekochtes Hühnchenfleisch, 50 g Rosinen,
2 Scheiben Ananas aus der Dose, 1 Zwiebel, 125 g Crème fraîche,
100 ml Sahne, Zitronensaft, Salz, Pfeffer, je 1 Msp. Muskatnuss,
Ingwerpulver und/oder Curry

Von den Kürbissen einen Deckel abschneiden. Die Früchte vorsichtig aushöhlen, damit die Schalen nicht verletzt werden. Kürbisse mit kochendem Wasser füllen. Das Kürbisfleisch entfasern, entkernen und würfeln. In Salzwasser 15 Minuten garen, herausheben.
Das Hühnchenfleisch würfeln und mit Rosinen sowie den klein geschnittenen Ananasscheiben vermengen.
Die Zwiebel fein hacken. Crème fraîche, Sahne, Zitronensaft, Salz, Pfeffer, Muskat, Ingwer und/oder Curry zu einer Sauce rühren. Mit der Hühnchenfleischmischung und der Zwiebel vermengen. Zuletzt das Kürbisfleisch unterheben.
Das Wasser aus den Kürbissen abgießen, die Früchte mit dem Salat füllen und den passenden Deckel aufsetzen. Im auf 100 °C vorgeheizten Ofen bis zum Verzehr warm halten.

☞ Sie können den Salat auch mit Krabben zubereiten.

Kürbis, ägyptische Art

4 kleine Kürbisse, 40 g gebräunte Butter
Füllung: 100 g gekochter Langkornreis (z.B. Basmati),
2 TL Tomatenmark, 150 g gehacktes Lammfleisch,
1 EL gehackte frische Pfefferminze, 1 EL gehackte frische Petersilie,
$^1/_2$ Knoblauchzehe, $^1/_2$ TL Fenchelsamen oder
1 EL gehackte frische Fenchelknolle, Salz, Pfeffer
Gemüsesauce: 1 Zwiebel, 1 dicke Möhre, 2 EL gehackte frische Tomaten,
50 ml Bratfond, 1 EL Tomatenmark

Einen Deckel von den Kürbissen abschneiden und sie leicht aushöhlen. Das Fleisch von Kernen sowie Fasern befreien und fein würfeln. Alle für die Füllung angegebenen Zutaten mit den Kürbiswürfeln vermengen und die Kürbisse damit füllen. Vier genügend große Stücke Alufolie fetten. Die Kürbisse darauf setzen. Für die Gemüsesauce Zwiebel, Möhre und Tomaten fein hacken, mit Bratfond und Tomatenmark vermengen. Um die Kürbisse gießen. Die Kürbisse samt Gemüsesauce in der Alufolie verschließen und in eine Auflaufform setzen. Etwas Wasser angießen. 10–15 Minuten im auf 200 °C vorgeheizten Ofen garen.
Inzwischen die Butter bräunen. Die Kürbisse auswickeln, auf kleine Teller setzen, mit der Gemüsesauce umgießen und mit brauner Butter beträufeln.
Man löffelt die Füllung aus den Kürbissen. Wenn Sie kleine Exemplare bekommen können, deren Schalen man mitessen kann (z.B. dünnschalige Sommerkürbisse wie Patissons), sollten Sie das Gericht damit zubereiten.

Pommes d'Or mit Muscheln

4 kleine Kürbisse (z.B. Pommes d'Or) mit Stiel, 4 Knoblauchzehen,
100 g gekochtes, ausgelöstes Muschelfleisch, 4 EL Crème fraîche,
einige Safranfäden, Salz, Pfeffer, 300 ml Hühnerbrühe

Von den Kürbissen einen Deckel abschneiden und das Fleisch von Fasern und Kernen befreien. Jeden Kürbis mit einer ungeschälten Knoblauchzehe bestücken und 10 Minuten über Dampf garen. Knoblauchzehen entfernen. Das Kürbisfruchtfleisch vorsichtig herauslösen. Schalen und Deckel warm halten. Das Fruchtfleisch grob zerstampfen. Mit Muschelfleisch sowie Crème fraîche mischen und mit Safran, Salz sowie Pfeffer würzen. Die Mischung nach Bedarf mit etwas Brühe cremig rühren. In die Schalen füllen. Die Kürbisse mit den passenden Deckeln verschließen und in eine feuerfeste Form setzen. Mit der restlichen Brühe umgießen. Im Ofen bei 150 °C bis zum Servieren warm halten, aber nicht mehr kochen lassen. Die Pommes d'Or können mit der Schale gegessen werden.

Kürbispuffer mit Lachs

300 g Kartoffeln, 400 g Kürbisfleisch, 2 Eier, Salz, Pfeffer,
3 EL Paniermehl, 4 EL Haferflocken (oder 80 g Mehl),
2 EL gehackte Kürbiskerne, 4 EL gehackte Petersilie
(oder Schnittlauchröllchen), etwas Öl, 8 Scheiben geräucherter Lachs,
4 Salatblätter, 1 Becher Kräuter-Crème-fraîche

Die Kartoffeln schälen und wie das Kürbisfleisch grob raspeln. Eier, Salz und Pfeffer, Paniermehl und Haferflocken (oder Mehl) gut damit vermischen. Ebenso die Kürbiskerne und Kräuter unter die Masse mengen.
Das Öl in einer Pfanne erhitzen. Darin aus der Masse nacheinander kleine goldgelbe Plätzchen ausbacken. Die Lachsscheiben auf die Salatblätter legen und die Kürbispuffer daneben anrichten. Kräuter-Crème-fraîche separat dazu reichen.

☞ Zwei Zwiebeln abziehen und in dünne Scheiben schneiden. Wenn die untere Seite der Plätzchen gebraten ist, drückt man in die weiche obere Seite je eine Zwiebelscheibe. Umdrehen und fertig braten!

Kleine Kürbisquiches

Für 6 Personen
500 g Blätterteig, 1 mittelgroße Zwiebel, 3 EL gewürfelter gekochter
Schinken, 500 g gekochte kleine Kürbiswürfel, 40 g Butter, 3 Eier,
125 ml Sahne, Salz, schwarzer Pfeffer, 1 EL gehackte frische Petersilie

Den Blätterteig in 6 gleich große Teile schneiden. 6 kleine Quicheförmchen mit Wasser benetzen. Den Blätterteig passend für die Förmchen ausrollen und diese damit auslegen. Den Rand festdrücken und den überstehenden Teig abschneiden. Zwiebel sowie Schinken würfeln und mit den Kürbiswürfeln kurz in der Butter anschwitzen. Die Eier mit der Sahne verquirlen, mit Salz, Pfeffer und gehackter Petersilie würzen. Die Eier-Sahne-Mischung mit den abgekühlten Zutaten aus der Pfanne vermengen. In die Törtchen füllen. Im auf 180 °C vorgeheizten Ofen 20–30 Minuten backen.
Stäbchenprobe machen: Die Eimasse muss gestockt, die Oberfläche hellbraun sein. Sofort servieren.

☞ Die Quiches lassen sich auf Vorrat backen und einfrieren. Im Tiefkühlgerät halten sie sich 2–3 Monate. Aufgebacken schmecken sie fast genauso gut wie frisch zubereitet.

☞ Anstelle von kleinen Quiches als Vorspeise können Sie auch einen großen Kuchen in einer Quiche- oder Springform (26 cm Durchmesser) backen und ihn als leichtes Hauptgericht servieren.

Pikante Melonenkürbisse

4 mittelgroße Melonenkürbisse, 75 g Zucker, 1 TL Zimt,
$^1/_4$ TL geriebene Muskatnuss, $^1/_4$ TL gemahlene Nelken,
$^1/_2$ TL Salz, 150 g zerlassene Butter,
120 ml roter Ahornsirup, 8 Scheiben Schinkenspeck

Die Kürbisse halbieren und von Fasern sowie Kernen befreien. In einer Schüssel Zucker, Zimt, Muskat, Nelke, Salz, zerlassene Butter und Sirup vermischen. Die Kürbishälften mit der Höhlung nach oben in eine Auflaufform setzen. Das Butter-Gewürz-Gemisch einfüllen und jeweils 1 Scheibe Speck obenauf legen. Etwas Wasser vom Rand her angießen. Die Auflaufform auf die mittlere Schiene des auf 175 °C vorgeheizten Ofens schieben und 30 Minuten garen. Sofort auftragen.

☞ Man kann dieses Kürbisgericht sowohl als Vorspeise als auch als Beilage zu kurz gebratenem oder gegrilltem Fisch anbieten.

Kürbisbrötchen

500 g Kürbisfleisch (z.B. Moschuskürbis, Hokkaido oder Butternuss),
1 Stangenweißbrot, Kürbiskernöl,
Raclettekäse nach Belieben, in dicke Scheiben geschnitten,
Dillspitzen, Petersilie

Das Kürbisfleisch fein raspeln und mit kochendem Salzwasser übergießen. 1 Minute ziehen lassen, danach das Wasser abschütten. Das Brot in fingerdicke Scheiben schneiden. Beide Seiten der Scheiben mit etwas Öl beträufeln und dick mit den Kürbisraspel belegen. Darauf jeweils 1 Scheibe Käse legen. Die Brötchen im auf 225 °C vorgeheizten Ofen überbacken, bis der Käse geschmolzen ist. Dick mit gehacktem Dill und fein gewiegter Petersilie bestreuen. Sofort servieren.

☞ Sie können den Brötchen andere Geschmacksnuancen verleihen, indem Sie den Kürbis mit Muskat, Koriander oder Schinkenstreifen vermengen.

Kürbissalat mit Kräutern

*500 g Kürbisfleisch (aromatischer Sommerkürbis), 2 Fleischtomaten,
1 Zwiebel, 2 EL Kürbiskernöl, 1 EL Balsamico-Essig (oder Apfelessig),
1 EL Wasser, Salz, Pfeffer, je 1 gehäufter EL gehackter Borretsch,
gehackter Dill, gehackte Petersilie und gehacktes Basilikum*

Das Kürbisfleisch und die Tomaten mundgerecht würfeln. Die Zwiebel in ganz feine Würfel schneiden. Aus Öl, Essig, Wasser, Gewürzen und Kräutern eine Vinaigrette rühren. Mit den übrigen Zutaten vermengen und mindestens 30 Minuten ziehen lassen.

Kürbis-Apfel-Salat

*Saft von $^1/_2$ Zitrone, 4 EL Apfelsaft, 4 EL Kürbiskernöl,
1 Prise Salz, 1 Prise Zucker, 1 TL roter Pfeffer, 500 g Kürbisfleisch,
2 Äpfel (Boskop), 50 g Kürbiskerne ohne Schale*

Zitronensaft, Apfelsaft, Öl und Gewürze zu einer Salatsauce verrühren. Das Kürbisfleisch und die geschälten Äpfel über eine grobe Reibe in die Sauce raspeln. Gut vermengen.
Die Kürbiskerne ohne Zugabe von Fett in einer Pfanne rösten, hacken und über den Salat streuen.

☞ Zusätzlich 1 feste Birne, geraspelt, und 1 Bund Schnittlauch, in feinen Röllchen, untermischen.

Feigen-Kürbis-Salat

4 kleine, feste Sommerkürbisse, 4 EL Öl, 2 frische Feigen,
¹/₂ Bund Schnittlauch, 1 EL Essig (oder Zitronensaft), Salz,
Pfeffer, 1 Prise Zucker

Von den Kürbissen einen Deckel abschneiden. Fasern und Kerne entfernen. Das Fruchtfleisch vorsichtig herauslösen und in Streifen schneiden. 2 EL Öl in einer Pfanne erhitzen und den Kürbis leicht darin anbraten.
Die frischen Feigen waschen und erst vierteln, dann in dünne Scheiben schneiden. Den Schnittlauch in feine Röllchen schneiden.
Restliches Öl, Essig (oder Zitronensaft), 2 EL Wasser, Salz, Pfeffer und Zucker zu einer Sauce verrühren und den Kürbis darin aufkochen. Abkühlen lassen.
Die Feigen untermischen, den Salat in die Kürbisschalen füllen und lauwarm zu kurz gebratenem Fleisch oder zu Backfisch servieren.

☞ Gut durchgekühlt und mit geschlagener Sahne serviert, schmeckt der Salat bestens als Dessert.

Kürbissalat

500 g Kürbisfleisch, 3 EL Kürbiskernöl, 1 EL Weißweinessig,
2 EL Wasser, Salz, Pfeffer, 1 Prise Zucker, 1 gewürfelte Zwiebel,
1 gehackte Knoblauchzehe, 1 EL Dillspitzen oder gehackte Salbeiblättchen

Das Kürbisfleisch in Streifen oder Würfel schneiden und in Salzwasser bissfest garen. Das Wasser abschütten. Aus Öl, Essig, 2 EL Wasser, Gewürzen, Zwiebeln, Knoblauch und Kräutern eine Marinade herstellen und sie über den lauwarmen Kürbis gießen. Gut durchziehen lassen.

☞ Zwei gewürfelte Tomaten oder einen in Streifen geschnittenen Apfel mit unter die übrigen Zutaten heben.

Kürbissalat mit Rhabarbersauce

500 g Kürbisfleisch, 500 g Äpfel (Boskop), 1 EL Zitronensaft,
1 EL Rhabarbersaft, 1 EL Wasser, 1 EL Honig,
100 ml geschlagene Sahne (oder schaumig aufgeschlagene Buttermilch),
1 EL gehackte Nüsse (oder Kürbiskerne ohne Schale), 50 g Rosinen

Das Kürbisfleisch und die geschälten Äpfel fein raspeln. Mit leicht gesalzenem Wasser bedecken. Zugedeckt durchziehen lassen (falls er zu viel Wasser zieht, etwas davon abgießen).
Danach aus Zitronensaft, Rhabarbersaft, Wasser, Honig, Sahne (oder Buttermilch), Nüssen (oder Kürbiskernen) und Rosinen eine Sauce rühren und mit Kürbis und Äpfeln vermischen.

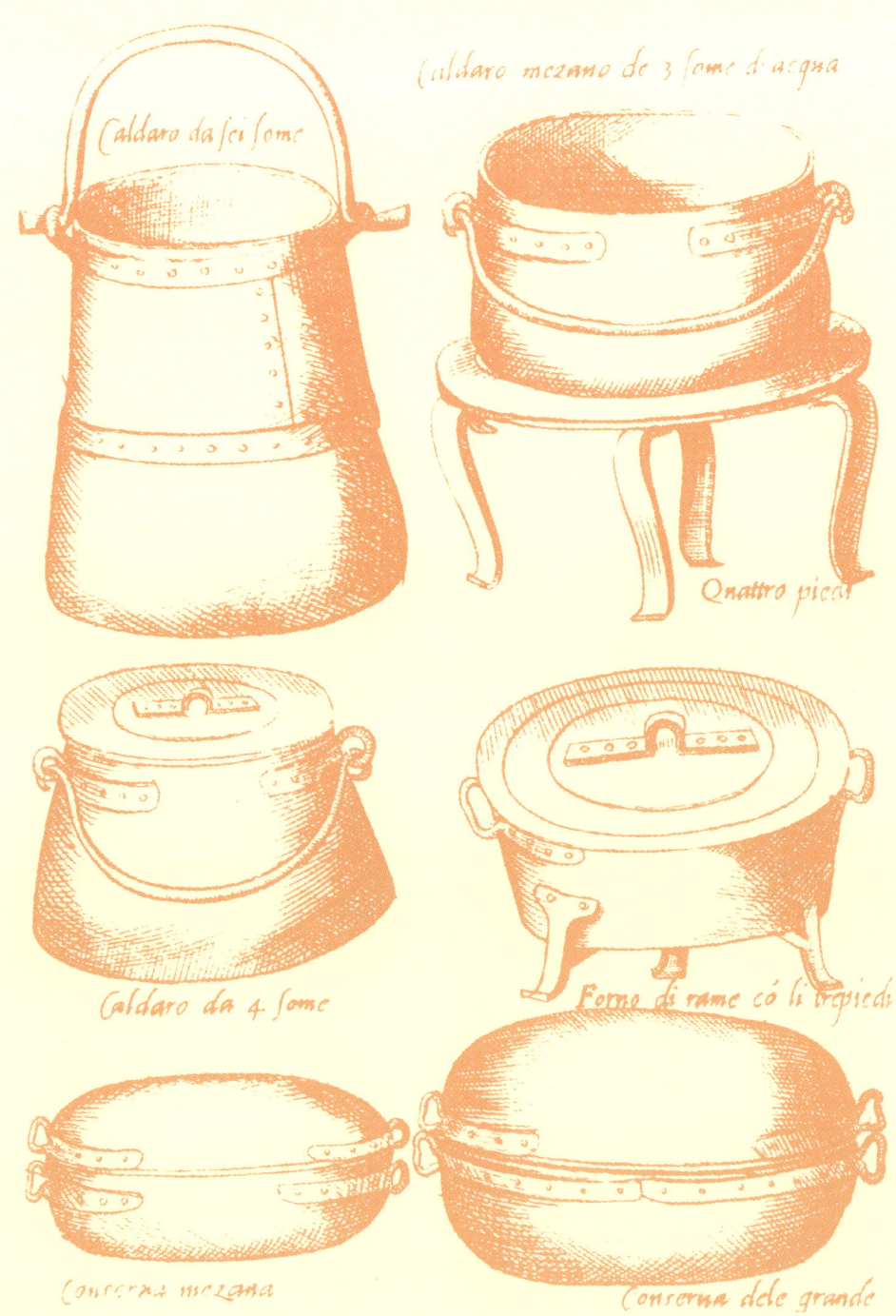

Caldaro da sei some

Caldaro mezano de 3 some d'acqua

Quattro piedi

Caldaro da 4 some

Forno di rame có li trepiedi

Conserua mezana

Conserua dele grande

SUPPEN

Einfache Kürbissuppe

Dieses Grundrezept für eine cremige Suppe kann beliebig abgeändert werden. So können Sie etwa Fleisch, anderes Gemüse oder verschiedene Gewürze zufügen. Lassen Sie Ihrer Kreativität freien Lauf!

Für 6 Personen
1 Winterkürbis (etwa 1 ¹/₂ kg), 2 mittelgroße Zwiebeln, 1 EL Butter,
1 EL Mehl, 1 ¹/₂ l Hühnerbrühe, je ¹/₂ TL Muskatnuss und Ingwerpulver,
Pfeffer aus der Mühle, 125 g Crème fraîche

Von dem Kürbis einen Deckel abschneiden und diesen beiseite legen. Den Kürbis vorsichtig aushöhlen, ohne die Schalen zu verletzen. Das Fleisch entfasern, entkernen und in Würfel schneiden. In Salzwasser 20 Minuten gar kochen. Danach aus dem Wasser heben und pürieren. 500 g von dem Kürbispüree abwiegen (den Rest anderweitig verwerten oder einfrieren).
Die Zwiebeln schälen und würfeln. Die Butter in einem Topf erhitzen, die Zwiebeln leicht darin anschwitzen und mit Mehl bestauben. Umrühren und mit Brühe ablöschen.
Das Kürbispüree untermischen. Mit Muskat und Ingwer würzen, etwas abkühlen lassen. Inzwischen die Kürbisschale mit heißem Wasser füllen. Die Suppe mit dem Mixstab schaumig schlagen und erneut erhitzen. Das Wasser aus der Schale leeren und die Suppe einfüllen. Mit Pfeffer aus der Mühle würzen, mit Crème-fraîche-Tupfern dekorieren und im Kürbis servieren.

Purée de Potiron à la Bourgeoise

Das Rezept zu dieser Suppe stammt von einem der größten Köche und Küchenmeister der Neuzeit, von Georges Auguste Escoffier (1846–1935). Seine Devise lautete, alle Gerichte sollten einfach, geschmacklich vollendet und gediegen angerichtet sein.

750 g Kürbisfleisch (Winterkürbis), ¹/₂ l Milch, 15 g Zucker, 75 g Fadennudeln, 40 g Butter

Das Kürbisfleisch in kleine Würfel schneiden. 1 l Salzwasser zum Kochen bringen und die Kürbiswürfel darin garen. Pürieren oder passieren und mit Milch und Zucker aufkochen. Unter Rühren die Nudeln einrieseln und 5 Minuten mitkochen lassen. Danach die Butter unterrühren.

☞ Diese Suppe kann auch als Cremesuppe, d.h. mit etwas Sahne gebunden, serviert werden.

Feine Kürbissuppe

*200 g Petersilienwurzeln (oder Möhren),
600 g Kürbisfleisch (orangefarbener Moschuskürbis),
1 Zwiebel, 1 Stück frische Ingwerwurzel, 2 Knoblauchzehen,
2 EL Butterschmalz, 1 ¹/₂ l Gemüse- oder Hühnerbrühe,
Salz, Pfeffer, je 2 EL Dillspitzen, gehackte Petersilie oder Schnittlauch,
4 EL geschlagene Sahne, 2 EL geröstete Kürbiskerne*

Die Petersilienwurzeln (oder die Möhren) putzen und mit dem Kürbisfleisch stifteln. Zwiebel, Ingwer und Knoblauch schälen und fein würfeln.
Butterschmalz in einem großen Topf zerlassen. Alle vorbereiteten Zutaten darin kurz andünsten. Mit der Brühe ablöschen, mit Salz sowie Pfeffer würzen und 10 Minuten kochen lassen. Die Kräuter unterrühren.
Die heiße Suppe in Teller füllen, ein Sahnehäubchen darauf setzen und mit einigen Kürbiskernen (ganz oder gehackt) bestreuen.

Einwanderers Kürbissuppe

Die ersten Kürbissamen, die von England nach Amerika gelangten, waren eigentlich zum Anbau von Schweinefutter bestimmt. Aber bekanntlich macht Not erfinderisch.

1 Zwiebel, 250 g Kartoffeln, 500 g Kürbisfleisch vom Gelben Zentner,
2 Maiskolben, 1 EL Butter, 1 ¹/₂ l Hühnerbrühe,
1 TL gestoßener grüner oder roter Pfeffer, 1 Prise weißer Pfeffer,
¹/₄ TL Salz, 250 ml Sahne, 1 EL Schnittlauchröllchen

Die Zwiebel und die Kartoffeln schälen und würfeln. Das Kürbisfleisch ebenfalls würfeln. Die Maiskörner vom Kolben ablösen. Die Butter in einem Topf erhitzen und die Zwiebeln darin anschwitzen. Die Kartoffeln und den Kürbis dazugeben und ebenfalls mitschwitzen. Mit Brühe ablöschen, mit den verschiedenen Pfeffersorten sowie Salz würzen und 15 Minuten kochen lassen. Leicht durchstampfen. Den Mais einige Minuten mitkochen, abschmecken. Mit Sahne verfeinert und mit Schnittlauch bestreut in Suppentassen servieren.

Samtiges Kürbissüppchen

600 g Kürbisfleisch (fester Winterkürbis), 50 g Butter,
1 EL brauner Zucker, ³/₄ l Milch, ¹/₂ TL gemahlene Muskatblüte,
1 Prise geriebene Muskatnuss, 1 Msp. Nelkenpulver,
Pfeffer, Salz, ¹/₄ l Joghurt (oder Sahne)

Das Kürbisfleisch würfeln. Die Butter in einem Topf zerlassen, die Kürbiswürfel darin anschwitzen. Den Zucker darüberstreuen und schmelzen lassen. Mit der Milch ablöschen, mit Muskatblüte, Muskat, Nelke, Pfeffer sowie Salz würzen und bei schwacher Hitze 20 Minuten köcheln lassen. Danach pürieren und dabei den Joghurt (oder die Sahne) einlaufen lassen. Bei Bedarf nochmals nachwürzen.

☞ Etwas abgewandelt wird die Suppe noch heute im Südwesten Amerikas gekocht. Dort lässt man die Körner von 2–3 Maiskolben mitkochen. Auch sie werden mitpüriert. Das Rezept stammt von den Indianern, die jahrhundertelang ihre Mahlzeiten mit den Grundnahrungsmitteln Kürbis und Mais zubereiteten.

Apfel-Kürbis-Cremesuppe

*1 kg Kürbis (Moschus), 200 g Kartoffeln, 1 dicker Apfel (Boskop),
1 Zwiebel, 40 g Butter, $^3/_4$ l Brühe, $^1/_4$ l Apfelsaft (oder Apfelwein),
1 Msp. Zimt, je $^1/_2$ TL Curry, Piment, Ingwerpulver,
Salz, Pfeffer, $^1/_2$ TL guter Balsamico-Essig, $^1/_2$ TL Sojasauce,
125 g Crème fraîche, 2 EL gehobelte Mandeln*

Den Kürbis schälen, die Fasern und Kerne entfernen. Das Fruchtfleisch würfeln. Die Kartoffeln schälen und ebenfalls würfeln. Den Apfel schälen, vierteln und entkernen. Die Zwiebel schälen und würfeln.
Die Butter in einem Topf zerlassen und Kürbis-, Kartoffel- und Zwiebelwürfel sowie den Apfel darin kurz andünsten. Mit Brühe ablöschen, aufkochen und 15 Minuten garen. Danach den Apfelsaft (oder Apfelwein) hinzufügen und mit Zimt, Curry, Piment, Ingwer, Salz sowie Pfeffer würzen. Die Suppe pürieren, mit Essig sowie Sojasauce pikant abschmecken und mit Crème fraîche verfeinern. Die Mandelblättchen in einer Pfanne ohne Zugabe von Fett rösten und über die heiße Suppe streuen.

Kürbis-Kokosnuss-Suppe

*4 kleine Kürbisse (z.B. Patisson oder Jack Be Little), 1 Zwiebel,
1 dicke Kartoffel, 2 Knoblauchzehen, 1 Stück frische Ingwerwurzel,
20 g Butter, 400 ml ungesüßte Kokosmilch aus der Dose,
je $^1/_4$ TL gemahlene Chilischoten und geriebene Muskatnuss,
je 1 Zweig Thymian und Petersilie, 1 Lorbeerblatt, $^1/_8$ l Sahne,
Salz, Pfeffer*

Von den Kürbissen am Stielende je einen kleinen Deckel abschneiden. Die Früchte vorsichtig aushöhlen, damit die Schalen nicht verletzt werden, Kerne und Fasern entfernen. Die Schalen mit heißem Wasser füllen.
Die Zwiebel schälen und würfeln. Die Kartoffel schälen und ebenfalls würfeln. Knoblauch und Ingwer schälen und hacken. Die Butter in einem Topf erhitzen und Kürbis, Zwiebel, Kartoffel, Knoblauch und Ingwer darin anschwitzen. Das Gemüse mit der Kokosmilch und etwa 1 l Wasser ablöschen. Mit Chilis, Muskat,

Thymian, Petersilie und Lorbeerblatt würzen. 20 Minuten kochen lassen. Die Kräuter entfernen und die Suppe pürieren. Bei Bedarf noch etwas Wasser zufügen. Mit der Sahne verfeinern und mit Salz sowie Pfeffer würzen. Das Wasser aus den Kürbisschalen schütten und die heiße Suppe einfüllen.

☞ Mit Zimtcroûtons schmeckt die Suppe besonders gut. Dazu 2 Scheiben Weißbrot ohne Rinde in ¹/₂ cm große Würfel schneiden und in zerlassener Butter goldbraun anrösten. 1 Msp. Zimt und 1 Prise Salz darüber streuen, nochmals durchschwenken und die Croûtons über die Suppe streuen.

Mais-Kürbis-Suppe

500 g Kürbisfleisch, 2 Stangen Lauch, 2 Möhren, 2 Kartoffeln,
2 EL Olivenöl, 1 l Gemüsebrühe, Salz, Pfeffer,
¹/₄ TL gemahlene Nelken, Cayennepfeffer, 400 g Maiskörner,
125 g Crème fraîche, gehackte Petersilie

Das Kürbisfleisch würfeln und in ganz wenig Salzwasser 20 Minuten garen. In einem Sieb abtropfen lassen und zu Brei stampfen.
Lauch, Möhren sowie Kartoffeln putzen und klein schneiden. Das Öl in einer Pfanne erhitzen und Lauch, Möhren und Kartoffeln darin anschwitzen. Die Gemüsebrühe angießen und zum Kochen bringen. Nach Geschmack kräftig mit Salz, Pfeffer, Nelke und Cayennepfeffer würzen. Die Maiskörner 5–10 Minuten mitkochen.
Kürbisbrei und Crème fraîche in die Suppe einrühren. Bei Bedarf nachwürzen. Mit Petersilie bestreut auf den Tisch bringen.

Kürbissuppe aus Colorado

1 Zwiebel, 2 Stangen Sellerie, 1 mittelgroße Möhre, 500 g Kürbisfleisch,
2 TL Butter, ³/₄ l Hühnerbrühe, 2 TL Mehl (Type 405), ¹/₂ l Milch,
2 TL Zucker, 1 TL Zitronensaft, je 1 Msp. gemahlener Ingwer,
Muskatnuss, gemahlene Nelken, Macisblüte, weißer Pfeffer, Zimt,
Salz nach Bedarf, einige Spritzer Tabasco,
gehackte Petersilie und Croûtons (oder Orangenscheiben)

Zwiebel, Sellerie sowie Möhren putzen und zusammen mit dem Kürbisfleisch würfeln. Die Butter in einem Topf zerlassen, das Gemüse darin kurz anschwitzen und etwas Brühe zugießen. Das Gemüse darin weich dünsten. Sobald die Brühe verdampft ist, neue auffüllen.
Den Topf vom Herd nehmen. Das Mehl mit etwas Milch glatt rühren und die Suppe damit binden. Aufkochen und mit dem Pürierstab aufschlagen. Zucker, Zitronensaft, Gewürze und Tabasco mit der restlichen Brühe untermischen. Einige Minuten durchkochen lassen.
Wird die Suppe warm serviert, bestreut man sie mit gehackter Petersilie und Croûtons. Im Sommer kann sie auch gut gekühlt und mit Orangenscheiben garniert serviert werden.

Schweizer Kürbissuppe

Für 8 Personen
125 g getrocknete weiße Bohnen, 2 kg Kürbis, Salz, 2 l Gemüsebrühe,
1 l Milch, 1 EL Butter, Pfeffer, 1 EL Mehl, 1 Bund Schnittlauch

Die Bohnen über Nacht in Wasser einweichen. Den Kürbis schälen, von Fasern und Kernen befreien und das Fruchtfleisch in grobe Würfel schneiden.
Die Bohnen in dem gesalzenen Einweichwasser 2 Stunden garen, danach sollten sie breiig verkocht sein.
Den Kürbis mit Wasser bedecken, zum Kochen bringen und 10 Minuten garen. Abgießen, dabei etwas vom dem Kochwasser auffangen. Das Fruchtfleisch mit Brühe und Milch erneut erhitzen. Butter, Salz und Pfeffer zugeben. Die Suppe pürieren. Die gegarten Bohnen unterrühren. Bei Bedarf das Mehl mit dem aufgefangenen Kochwasser anrühren und die Suppe damit binden. Abschmecken. Den Schnittlauch in feine Röllchen schneiden und über die Suppe streuen.

Schlesische Kürbissuppe

500 g Kürbisfleisch, Schale von 1 unbehandelten Zitrone, 1 Zimtstange,
1 EL Speisestärke, $^1/_4$ l Weißwein, 60 g Zucker, Croûtons

Das Kürbisfleisch in Stücke schneiden und mit $^3/_4$ l Wasser, Zitronenschale und Zimt weich kochen. Durch ein Sieb streichen. Die Stärke mit etwas Wein anrühren. Den restlichen Wein, den Zucker sowie die angerührte Stärke unterrühren und die Suppe nochmals aufkochen. Bei Bedarf noch etwas Wasser angießen. Mit Croûtons anrichten.

Kürbissuppe mit Hühnerfleisch

Für 8 Personen
2 geräucherte Schinkenknochen, 1 kg Hühnchenfleisch, klein geschnitten,
1 ½ kg festes Kürbisfleisch (Roter Zentner), 2 dicke Zwiebeln,
2 Knoblauchzehen, 2 EL Erdnussöl, 1 kleine grüne Chilischote,
Salz, Pfeffer

Die Schinkenknochen und das Hühnchenfleisch in 2 l Wasser zum Kochen bringen und 2 Stunden garen. Danach die Brühe abseihen und auffangen. Die Schinkenknochen wegwerfen. Das Hühnchenfleisch von den Knochen lösen. Das Kürbisfleisch fein würfeln. Die Zwiebeln schälen und würfeln, den Knoblauch schälen und fein hacken.
Das Öl in einem Topf erhitzen und Kürbis, Zwiebeln sowie Knoblauch kurz darin anbraten, mit Hühnerbrühe bedecken und sie zum Kochen bringen.
Die Chilischote längs halbieren, entkernen, ganz fein hacken und unterrühren. Die Suppe kochen lassen, bis der Kürbis weich ist. Bei Bedarf so viel Brühe zufügen, dass die Suppe die gewünschte Konsistenz bekommt. Das Hühnchenfleisch unterheben. Mit Salz sowie Pfeffer würzen und die Suppe recht heiß servieren.

Kürbis-Speck-Suppe

750 g Kürbisfleisch (Gelber Zentner), 2 dicke Kartoffeln,
2 dicke Äpfel (Boskop), 4 Frühlingszwiebeln (oder 1 Stange Lauch),
1 Knoblauchzehe, 40 g Butter, 1 ½ l entfettete Hühnerbrühe, Salz,
Pfeffer, Zucker, Muskatnuss, 1–2 EL Weißwein (oder Sherry),
125 g Frühstücksspeck (Bacon), 1 TL Schmalz

Das Kürbisfleisch würfeln. Kartoffeln und Äpfel schälen und ebenfalls würfeln. Die Frühlingszwiebeln (oder den Lauch) putzen und in Ringe schneiden. Die Knoblauchzehe schälen und fein hacken. Die Butter in einem Topf erhitzen und Gemüse und Äpfel darin andünsten, mit der Brühe ablöschen. Mit Salz, Pfeffer, Zucker sowie Muskat würzen und 20 Minuten kochen lassen. 4 EL Gemüse abnehmen und beiseite stellen. Die Suppe pürieren und Wein (oder Sherry) unterrühren. Das beiseite gestellte Gemüse mit den Äpfeln zurück in die Suppe geben. Den Speck in schmale Streifen schneiden. In dem Schmalz kross ausbraten und auf Küchenpapier abtropfen lassen.

Die heiße Suppe in vorgewärmte Teller oder Suppentassen füllen. Mit den Speckstreifen garnieren.

Muschelsuppe mit Kürbis

Diese Suppe ist bei den amerikanischen „Upper Yuppies" sehr beliebt. Sie können sie nämlich mit Kürbispüree aus dem Supermarkt, tiefgefroren oder in Dosen, rasch zubereiten und ihr durch eine individuelle Zusammenstellung der Zutaten eine spezielle Note verleihen. Da es bei uns Kürbispüree nicht zu kaufen gibt, empfiehlt es sich, das Püree auf Vorrat zuzubereiten und selbst einzufrieren (Rezept S. 52).

1 Zwiebel, 1 Knoblauchzehe, 1 Stängel Staudensellerie, 4 EL Olivenöl, 80 g Mehl, 1 $^1/_2$ l Fischbrühe, $^1/_4$ TL Piment, $^1/_8$ TL Macisblüte, 1 EL Worcestersauce, 1 Spritzer Tabasco, 600 g Kürbispüree, 1 Becher Sahne, Salz, Pfeffer, 500 g gekochtes Jakobsmuschelfleisch

Zwiebel, Knoblauch sowie Sellerie putzen und fein würfeln. Das Öl in einem Topf erhitzen und das Gemüse darin anschwitzen.

Das Mehl darüber streuen, kurz mitschwitzen lassen und unter kräftigem Rühren mit Brühe ablöschen. Einige Minuten köcheln lassen und Piment, Macisblüte, Worcestersauce und Tabasco zufügen. Das Kürbispüree und die Sahne unterrühren und die Suppe kräftig mit Salz und Pfeffer würzen.

Das Muschelfleisch nur kurz in der Suppe erhitzen und sie dann sofort servieren. Die Muscheln dürfen nicht mehr kochen und auch nicht zu lange in der Suppe liegen, da sie sonst zäh werden.

☞ Die Suppe bekommt ein besonders apartes Aroma, wenn man etwas frisch geriebenen Ingwer mitkocht.

Feurige Kürbissuppe

600 g festes Kürbisfleisch, 1 Zwiebel, 1 Stange Lauch,
1 Stück frische Ingwerwurzel, 1 $^1/_2$ l Hühnerbrühe, 1 grüne Chilischote,
1 getrocknete rote Chilischote, 1 kleiner Becher Joghurt, Salz,
4–6 zerstoßene grüne Pfefferkörner, 2 Spritzer Tabasco, $^1/_2$ Bund Petersilie,
gehackte Petersilie oder roter Pfeffer zum Garnieren

Das Kürbisfleisch würfeln. Zwiebel, Lauch und Ingwer putzen, die Zwiebel in Würfel, den Lauch in Ringe und den Ingwer in kleine Stücke schneiden. Die Kürbiswürfel 20 Minuten in der Brühe garen. Danach das übrige Gemüse zufügen und weitere 10–20 Minuten kochen lassen.
Die grüne Chilischote in feine Ringe schneiden, dabei die Kerne entfernen. Die rote Chilischote fein zerstoßen. Beide Chilis kurz mitkochen lassen.
Die Suppe leicht abkühlen lassen, dann pürieren, dabei den Joghurt zufügen. Mit Salz, grünem Pfeffer und Tabasco würzen. Das halbe Bund Petersilie hacken und einstreuen.
Die Suppe kann heiß oder kalt gegessen werden. Sie wird vor dem Servieren nochmals scharf abgeschmeckt und nach Belieben mit Petersilie oder roten Pfefferkörnern bestreut.

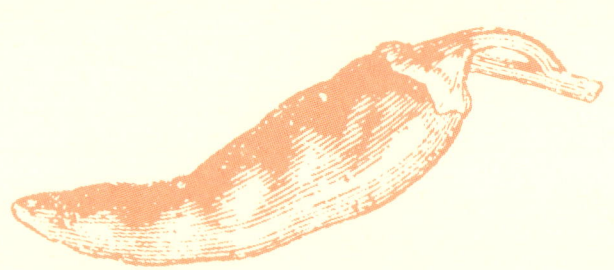

Klare Fischsuppe mit Kürbis

Für diese Suppe eignet sich am besten Seeteufel. Er ist besonders schmackhaft und hat ein festes Fleisch, das nicht so schnell zerfällt wie das von Kabeljau oder Rotbarsch.

500 g Kürbisfleisch (Winterkürbis), $^1/_2$ Fenchelknolle,
1 $^1/_2$ l Gemüsebrühe, Salz, Pfeffer, 500 g Seeteufel, $^1/_2$ l Milch,
40 g Butter, Fenchelgrün

Das Kürbisfleisch fein würfeln. Den Fenchel putzen und in dünne Streifen schneiden. Das Gemüse in der Brühe zum Kochen bringen und 15 Minuten garen. Mit Salz und Pfeffer würzen.
Den Fisch in mundgerechte Stücke schneiden, mit heißer Milch übergießen und 10 Minuten pochieren. Herausnehmen und die Gräten mit einer Pinzette entfernen. Vorsicht: Der Fisch darf nicht ganz gar sein, denn er trocknet schnell aus.
Die Suppe erneut zum Kochen bringen und vom Herd nehmen. Den Fisch wieder einlegen. Mit Butterflöckchen und gehacktem Fenchelgrün garnieren und servieren.

☞ Sie können diese Fischsuppe zusätzlich mit Muscheln und/oder Garnelen anreichern.

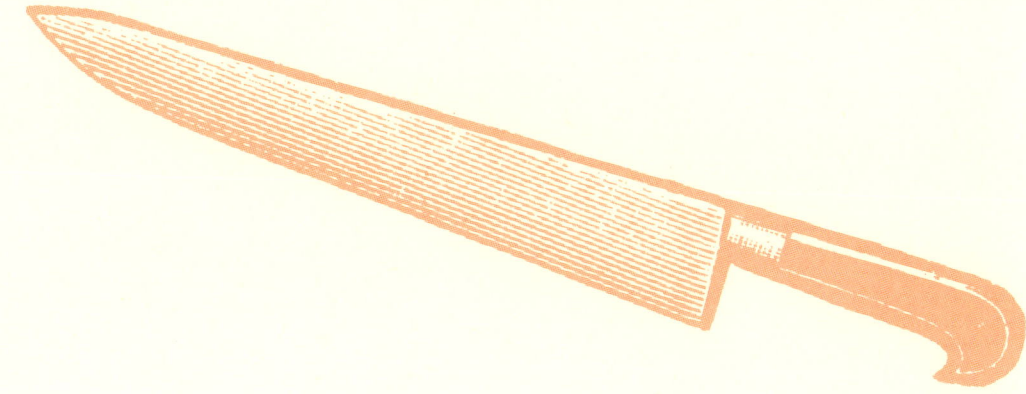

EINTÖPFE

Proso

Das schlichte und schmackhafte Gericht stammt aus Südrussland beziehungweise dem Kaukasus. Es wird aus Hirsebrei und Kürbispüree zubereitet, die in diesen Regionen sprichwörtlich zusammengehören.

*200 g Hirse, etwas Milch, 3 EL Butter,
200 ml Kürbispüree (Rezept S. 52), 100 ml Sahne, Salz,
Pfeffer, 1 Msp. Muskatnuss, 1 TL Zucker*

Die Hirse in wenig Milch ansetzen und immer, wenn die Milch aufgesogen ist, neue nachgießen. Diesen Vorgang so lange wiederholen, bis die Hirse gar und dickbreiig ist.
Die Butter zerlassen, den Hirsebrei und das Kürbispüree einrühren und mit der Sahne cremig rühren. Mit Salz, Pfeffer, Muskat und Zucker würzen. Auf bäuerliche Art aus dem Topf löffeln.

Mais-Kürbis-Stew

3 Maiskolben, 1 $^1/_2$–2 kg Kürbis, 1 Zwiebel, Salz, Pfeffer, 1 EL Butter

Die Maiskörner von den Kolben ablösen. Den Kürbis schälen, die Kerne und Fasern entfernen. Das Fruchtfleisch in dünne Scheiben schneiden. Mais und Kürbis in einen Topf geben und im eigenen Saft 30 Minuten köcheln lassen. Bei Bedarf etwas Wasser angießen. Inzwischen die Zwiebel schälen, würfeln und unterrühren. Das Gemüse kochen, bis der Kürbis zerfallen ist. Mit Salz und Pfeffer würzen. Das Gericht leicht stampfen und mit der Butter abrunden.

☞ Feiner wird das Gericht, wenn Sie vor dem Servieren 200 g gekochte, gepulte Krabben zufügen.

Amerikanischer Kürbiseintopf

Dieses Gericht wird in den Vereinigten Staaten als Eintopf oder Gemüsebeilage zu festlichen Essen serviert.

*500 g Kürbisfleisch, 2 EL Butter (oder Olivenöl),
¹/₄ l Hühnerbrühe, 2 dicke Zwiebeln, 500 g Schinken, 500 g Maiskörner,
Salz, Pfeffer, Kürbiskerne ohne Schale*

Das Kürbisfleisch in Stücke schneiden. Butter (oder Olivenöl) in einem Topf erhitzen und den Kürbis darin anbraten. Mit der Brühe ablöschen und 15 Minuten köcheln lassen.
Die Zwiebeln schälen und ebenso wie den Schinken würfeln. Zwiebeln, Schinken und Mais lagenweise in den Topf mit dem Kürbis schichten. Mit Salz sowie Pfeffer würzen und 5–8 Minuten kochen lassen. Einmal durchrühren, bei Bedarf noch etwas Brühe zugießen.
Die Kürbiskerne ohne Zusatz von Fett in der Pfanne rösten und vor dem Servieren über die Suppe streuen.

Linsensuppe mit Kürbiskernen

*350 g Zwiebeln, 500 g Kartoffeln, 40 g Butter, 2 EL Kürbiskernöl,
350 g Linsen, 1 ¹/₂ l Gemüsebrühe, Pfeffer,
1 TL gemahlener Koriander, ¹/₂ Bund Thymian, 125 g Crème fraîche,
Salz, 150 g Kürbiskerne ohne Schale, 4 EL gehackte Petersilie*

Die Zwiebeln schälen und grob würfeln. Die Kartoffeln ebenfalls schälen und ganz klein würfeln.
Butter und Öl in einer Pfanne erhitzen und Zwiebeln sowie Linsen darin anschwitzen. Die Kartoffeln zufügen und ebenfalls mitschmoren. Mit der Brühe ablöschen und mit Pfeffer, Koriander sowie Thymian würzen. 45–50 Minuten köcheln lassen. Danach grob stampfen. Je 1 EL Crème fraîche auf 4 Teller setzen. Die restliche Crème fraîche unter die Suppe rühren. Mit Salz abschmecken.
Die Kürbiskerne ohne Zusatz von Fett in der Pfanne rösten. Die Suppe auf die Teller verteilen. Mit Petersilie und den Kernen bestreuen.

Kürbiseintopf mit Grießklößchen

*500 g Kürbisfleisch, 20 g Butter, Salz, Pfeffer, 2 EL Crème fraîche,
100 g Hartweizengrieß, 1 Ei, Cayennepfeffer,
250 g Kartoffeln (fest kochende Sorte), 250 g Lauch, 500 g Zucchini,
400 g geräucherte Mettwürstchen mit Knoblauch, 2 EL Öl,
1 l Gemüsebrühe, 1 Zweig Basilikum*

Das Kürbisfleisch in kleine Würfel schneiden. Die Butter in einem Topf erhitzen und den Kürbis darin 10 Minuten anschwitzen. Mit Salz und Pfeffer würzen. Die Hälfte davon abnehmen und beiseite stellen. Die andere Hälfte pürieren und mit Crème fraîche aufkochen. Den Grieß auf einmal hineinschütten, umrühren und zu einem Kloß ausquellen lassen. Den Topf vom Herd nehmen, das Ei unterrühren. Die Masse mit Salz und Cayennepfeffer würzen. Abkühlen lassen.
Inzwischen Kartoffeln, Lauch und Zucchini putzen. Die Kartoffeln schälen und würfeln. Den Lauch in Ringe schneiden. Die Zucchini längs vierteln und in Stücke schneiden. Die Mettwürstchen in Scheiben schneiden.
Das Öl in einem zweiten Topf erhitzen und Gemüse sowie Mettwürstchen darin anschwitzen. Mit der Brühe ablöschen und 10 Minuten kochen lassen. Danach die zweite Hälfte des gedünsteten Kürbisses untermischen, abschmecken.
Aus der Grießmasse kleine Klöße abstechen. In siedendem Salzwasser gar ziehen lassen (sie steigen nach etwa 5–8 Minuten an die Oberfläche).
Die Kürbissuppe nochmals erhitzen und die Grießklößchen einlegen. Basilikumblättchen abzupfen, in Streifen schneiden und die Suppe damit garnieren.

Hühncheneintopf

*1 Poularde (ca. 1 kg), 500 g Suppenfleisch vom Rind (z.B. Beinscheibe),
1 Zwiebel, 1 Stange Lauch, $^1/_4$ Sellerieknolle, 500 g Kartoffeln,
500 g Kürbisfleisch, Salz, Pfeffer, 1 klein gehackte Chilischote,
500 g kleine, feste Tomaten, 2 Maiskolben, 100 g gepalte Erbsen,
1 Bund Schnittlauch, 2–3 Stängel Petersilie*

Die Poularde und das Suppenfleisch mit Salzwasser bedecken, zum Kochen bringen und 1 Stunde garen.

Inzwischen Zwiebel, Lauch, Sellerie sowie Kartoffeln putzen und mit dem Kürbisfleisch in Würfel schneiden. Zwiebeln, Lauch und Sellerie in den Topf einlegen und 10 Minuten mitgaren. Dann die Kartoffel- und die Kürbiswürfel zufügen und ebenfalls 15 Minuten mitkochen lassen. Das Gemüse mit Salz, Pfeffer und der Chilischote würzen.

Die Poularde und das Suppenfleisch aus dem Topf nehmen. Das Hühnchen häuten, das Fleisch von den Knochen lösen und grob würfeln.

Die Tomaten blanchieren, häuten, von den Stielansätzen befreien und würfeln. Die Maiskolben entfasern, in fingerdicke Scheiben schneiden. Fleisch, Tomaten, Mais und Erbsen in den Topf einlegen. Die Suppe abschmecken und einige Minuten kochen lassen. Schnittlauch und Petersilie fein hacken. Den Eintopf damit bestreuen.

GEMÜSEGERICHTE

Shaker–Squash

Shaker – so nennt sich eine Gruppe der amerikanischen Quäker, die 1736 gegründet wurde. Noch vereinzelt in Massachusetts und New Hampshire beheimatet, führen die Shaker ein enthaltsames Leben nach sehr strengen religiösen Regeln. Ihre Nahrung ist schlicht, biologisch hochwertig und weitgehend naturbelassen. Das folgende Gericht, das ihrer Tradition entstammt, kann man auf zwei Arten zubereiten:

2 kg Kürbis (Türkenturban), Salz, Pfeffer, 3 EL Butter, $^1/_8$ l Ahornsirup

Den Kürbis im Ganzen 30 Minuten in 1 l Salzwasser garen. Danach lässt er sich leicht schälen. Fasern und Kerne entfernen. Das Fruchtfleisch pürieren, mit Salz und Pfeffer würzen und mit Butter sowie Sirup abrunden.

Oder: 2 kg Kürbis (Türkenturban), Butter nach Belieben,
Salz, Pfeffer, brauner Zucker nach Belieben

Den Kürbis im Ganzen 2 $^1/_2$ Stunden bei 175 °C im Ofen backen. Schälen, Fasern und Kerne entfernen. Das Fruchtfleisch in portionsgroße Stücke teilen. Die Butter in einer Pfanne erhitzen und die Stücke darin anbraten oder sie unter dem Grill bräunen. Mit Salz, Pfeffer sowie braunem Zucker würzen.

☞ Reste des Gerichts, egal, für welche Variante Sie sich entscheiden, können eingefroren werden und zu anderen Gelegenheiten für Pies oder Puddings verwendet werden.

Einfaches Kürbisgemüse

1 kg Kürbisfleisch (z.B. Hokkaido), 2 Zwiebeln,
2 EL Olivenöl, Salz, Pfeffer, Paprikapulver, 1 TL Kreuzkümmel,
2 EL Apfelessig, 2 TL Honig

Das Kürbisfleisch würfeln. Die Zwiebeln schälen und ebenfalls würfeln. Das Öl in einer Pfanne erhitzen und Kürbis- sowie Zwiebelwürfel darin anbraten. Den Deckel auflegen und bei geschlossenem Topf im eigenen Saft garen. Kräftig mit Salz, Pfeffer, Paprika, Kreuzkümmel, Essig und Honig würzen.

☞ Mit ⅛ l saurer Sahne, 1 EL Dillspitzen und 1 EL gehackter Petersilie verfeinert, passt das Gemüse gut zu Hühnchen oder Rebhuhn.

Kürbismus

Dieses pikante Mus kann man frisch zubereitet als Beilage zu Braten essen oder, mit Gelierzucker gekocht und in Gläser gefüllt, fest verschlossen einige Monate aufbewahren und als Beilage oder Dessert verwenden.

1 kg Kürbisfleisch, 500 g Zucker oder Gelierzucker 2:1 (zur Haltbarmachung),
15 g frische Ingwerwurzel, abgeriebene Schale von 1 unbehandelten Orange,
¼ TL Cayennepfeffer, 1 Msp. gemahlene Nelken, 1 Msp. Zimt

Das Kürbisfleisch würfeln und in ganz wenig Wasser mit allen übrigen angegebenen Zutaten 20 Minuten kochen. Sollte sich zu viel Saft bilden, etwas davon abschöpfen (und zur Sicherheit auffangen). Den Kürbis zu Mus zerstampfen. Sollte der Brei zu fest sein, kann man ihn mit etwas abgeschöpftem Kochwasser, mit Sherry oder Amaretto geschmeidig rühren. Wollen Sie es einwecken, das Kürbismus heiß in Twist-off-Gläser füllen und fest verschrauben. Kühl und dunkel lagern.

☞ Kocht man das Gericht für Kinder, den Likör durch Orangensaft ersetzen.

Mexikanische Kürbispolenta

200 g Maisgrieß, 4 Zwiebeln, 500 g braune Champignons (Egerlinge),
2 EL Kürbiskernöl, Salz, Pfeffer, 1 Hokkaido-Kürbis (etwa 500 g),
4 Fleischtomaten, 2 kleine scharfe Peperoni

1 l leicht gesalzenes Wasser zum Kochen bringen, den Maisgrieß einstreuen und unter Rühren zu einem dicken Brei ausquellen lassen. Auf eine große Platte streichen.

Die Zwiebeln schälen und in Scheiben schneiden. Die Champignons putzen und blättrig schneiden. 1 EL Öl in einer Pfanne erhitzen und Zwiebeln sowie Champignons darin anbraten, mit Salz und Pfeffer würzen. Die Zwiebel-Champignon-Mischung auf dem Rand der Platte verteilen.

Den Kürbis schälen, in Ringe schneiden, entfasern und entkernen. Die Tomaten von den Stielansätzen befreien und in Scheiben schneiden. Das restliche Kürbiskernöl in der Pfanne erhitzen und die Kürbisringe leicht darin anbraten, mit Salz und Pfeffer würzen.

Die Polenta abwechselnd mit den Kürbisringen und den Tomatenscheiben belegen. Die Peperoni ganz fein hacken und darüber streuen. Das Gericht bis zum Servieren bei 150 °C im Ofen warm halten. Dazu schmeckt ein würziges Bier hervorragend.

☞ Die Mexikaner essen das Gericht mit einem Löffel direkt von der Platte. Diese steht mitten auf dem Tisch, und jeder bedient sich nach Belieben. Man kann die Polenta vor dem Servieren auch zusätzlich noch mit geriebenem Käse bestreuen. Der Käse sollte sehr würzig sein.

Kürbisrisotto

1 Zwiebel, 1 EL Öl, 300 g Risottoreis, 125 ml Weißwein,
³/₄ l Gemüse- oder Fleischbrühe, 400 g Kürbisfleisch,
100 g geräucherter Schinken, in Scheiben geschnitten,
100 g geriebener herzhafter Käse (z.B. alter Gouda oder Parmesan),
5 EL Zitronensaft

Die Zwiebel schälen und fein würfeln. Das Öl erhitzen und die Zwiebeln darin kurz anschwitzen. Den Reis zugeben und kurz mitschwitzen. Den Wein zugießen und einkochen lassen. Den Reis 10–15 Minuten garen, dabei jeweils so viel Brühe angießen, dass er knapp bedeckt ist. Immer wieder umrühren. Inzwischen das Kürbisfleisch fein würfeln und in den Topf geben. 5–7 Minuten mitkochen lassen.
Den Schinken in mundgerechte Stücke zupfen und dann mit dem geriebenen Käse vermischen. Den Risotto mit dem Zitronensaft abschmecken. Auf Tellern verteilen und mit dem Schinken-Käse-Gemisch bestreuen.

☞ Neben dem Kürbis kann man auch junge Erbsen und Kräuter verwenden. Will man es Vegetariern servieren, kann man selbstverständlich den Schinken weglassen.

Kürbispüree

In einem Kochlexikon von 1911 fand ich das folgende Rezept mit dem Vermerk: „Nur für Leute mit sehr gesunder Verdauung geeignet". Ich zitiere: „Man schneidet den Kürbis in Stücke, entfernt die Kerne und Fasern sowie die äußere Schale, zerteilt die Stücke in große Würfel, kocht dieselben eine Viertelstunde in siedendem Wasser, nimmt sie mit dem Schaumlöffel heraus, stampft oder rührt sie zu Brei, streicht ihn durch ein Sieb, kocht ihn auf, würzt ihn mit Butter, Salz, Pfeffer und gehackter Zitronenschale und isst ihn mit brauner Butter."

☞ Kochen Sie einige Äpfel mit und würzen Sie zusätzlich mit Zimt. Ist der Brei zu fest, dann glätten Sie ihn mit etwas Kochwasser. Der Brei schmeckt zu Frikadellen, Schnitzeln, Bratwürsten und geräucherten Forellenfilets.

Armenisches Kürbisgericht

*In Armenien gehört der Kürbis mit „kasha" (Weizen- oder Buchweizenschrot) zur Volks-
nahrung. Ob püriert, gebacken, mit Knoblauch und Tomaten oder mit Pfefferminzblättern
in einer gut gewürzten Sauce, für Kürbisgerichte findet man dort zahlreiche Rezepte. Hier
ein Schmorgericht, sozusagen „one for all".*

*800 g Kürbisfleisch, Salz, 1 $^1/_2$ EL Mehl,
50 g Butter, 3–4 Knoblauchzehen, 1 TL roter Pfeffer,
1 kleiner Becher Vollmilchjoghurt*

Das Kürbisfleisch in Streifen schneiden, mit Salz bestreuen und 30 Minuten
zum Entwässern beiseite stellen. Danach mit kaltem Wasser abspülen und mit
Küchenpapier trocknen. In dem Mehl wenden. Butter in einer Pfanne erhitzen
und den Kürbis darin goldbraun braten.
Den Knoblauch schälen und im Mörser zerstoßen. Den roten Pfeffer mit einer
Gabel zerdrücken. Knoblauch und Pfeffer mit dem Joghurt verrühren. Die Sauce
mit Salz würzen und zu dem gebratenen Kürbis servieren.
Dieses schlichte Gericht wird sowohl mit Brot als Hauptgericht oder mit Fleisch
und Reis als Beilage serviert.

Österreichisch–ungarisches Kürbiskraut

*500 g Kürbisfleisch (Butternuss), 1 EL Salz, 2 Zwiebeln, etwas Mehl,
1 EL Butter, Salz, Pfeffer, scharfes Paprikapulver, 1 TL Anissamen,
2 EL Crème fraîche, einige Spritzer Apfelessig (oder Apfelwein)*

Das Kürbisfleisch in feine Stifte schneiden, mit dem Salz vermengen und
30 Minuten in Wasser ziehen lassen. Danach ausdrücken. Die Zwiebeln schälen
und in feine Scheiben schneiden.
Kürbis und Zwiebeln mit Mehl bestäuben und in der Butter anrösten. Mit Salz,
Pfeffer, Paprika sowie Anissamen würzen und mit Crème fraîche mischen.
5 Minuten kochen lassen. Danach mit Apfelessig (oder Apfelwein) abschmecken.

Kürbis-Pilz-Gratin

*1 kg Kürbis (z.B. Gelber Zentner), 2–3 Knoblauchzehen,
250 g frische Pilze (Champignons, Pfifferlinge oder Steinpilze),
3–4 Lauchzwiebeln, 400 g Tomaten, Butter für die Form, 2 EL Öl,
Salz, Pfeffer, 1 EL gehackte Petersilie, 1 EL gehackter Rosmarin,
100 g geriebener herzhafter Käse,
50 g Kürbiskerne ohne Schale, 1 EL Butter*

Den Kürbis schälen, entfasern und entkernen. Das Fruchtfleisch in Scheiben
schneiden. Die Knoblauchzehen schälen und in feine Scheiben schneiden. Die
Pilze und Lauchzwiebeln putzen und wie die Tomaten, von den Stielansätzen
befreit, in Scheiben schneiden.
Eine Auflaufform mit Butter einfetten. Das Öl in einer Pfanne erhitzen und
Pilze, Lauchzwiebeln sowie Knoblauch darin kurz anschwitzen. Mit dem Kürbis
und den Tomaten lagenweise in die Form schichten. Jede Lage mit Salz und
Pfeffer würzen. Die oberste Schicht zuerst mit Petersilie sowie Rosmarin und
dann mit dem Käse bestreuen. Die Kürbiskerne hacken und darüber streuen.
Die Butter in Flöckchen obenauf setzen. Im auf 225 °C vorgeheizten Ofen
30 Minuten backen.

Apfel-Kürbis-Gemüse

*500 g Kürbisfleisch, 500 g Äpfel (Boskop), 20 g Butter,
50 g Speckwürfel (durchwachsener Bauchspeck),
Salz, Pfeffer, einige Stängel Majoran*

Das Kürbisfleisch würfeln. Die Äpfel schälen, vom Kerngehäuse befreien und in
große Würfel schneiden. Butter und Speck in einer Pfanne erhitzen und die
Kürbiswürfel darin anschwitzen. Mit Salz und Pfeffer würzen und 5 Minuten
im geschlossenen Topf dünsten. Die Apfelwürfel auf den Kürbis legen und kurz
mitdünsten. Mit Majoranblättchen würzen, durchrühren und heiß zu Geflügel
oder Schweinebraten servieren.

Kürbis-Tomaten-Gemüse

1 Stange Lauch, 500 g Kürbisfleisch (z.B. Hokkaido),
500 g feste Kirschtomaten, 1 Zwiebel, 1 Knoblauchzehe, 40 g Butter
(oder 2 EL Öl), Salz, Pfeffer, 1 Lorbeerblatt, 2–3 Nelken,
1 TL Zitronensaft, ¹/₈ l Fleischbrühe (oder Tomatensaft),
¹/₂ TL Ahornsirup, Dillspitzen und gehackte Petersilie nach Belieben

Den Lauch putzen und in grobe Ringe schneiden. Das Kürbisfleisch würfeln.
Die Tomaten blanchieren, die Haut abziehen und die Stielansätze entfernen.
Zwiebel und Knoblauchzehe schälen und fein hacken.
Butter (oder Öl) in einem Topf erhitzen und Lauch, Kürbis, Tomaten, Zwiebel
sowie Knoblauch darin anschwitzen. Mit Salz, Pfeffer, Lorbeerblatt, Nelken und
Zitronensaft würzen und in wenig Fleischbrühe (oder Tomatensaft) 10 Minuten
köcheln lassen. Mit dem Sirup abschmecken. Dill und Petersilie zuletzt unterheben. Das Gemüse soll zwar weich sein, aber nicht zerfallen. Die Flüssigkeit
kann bei Bedarf leicht mit hellem Saucenbinder gebunden werden.

Ungarisches Gemüse

500 g Kürbisfleisch, 1 EL Butter, Salz, Pfeffer, 1 EL Zitronensaft,
1 TL Dillsamen (oder 1 EL gehackter Dill), 1 Becher saure Sahne

Das Kürbisfleisch in große Würfel schneiden. Die Butter in einer Pfanne erhitzen und den Kürbis darin anschwitzen, salzen und pfeffern. Mit ¹/₄ l Wasser und
dem Zitronensaft in 10–15 Minuten bissfest kochen.
Die Kürbiswürfel aus dem Sud heben, diesen mit Dillsamen aufkochen und die
saure Sahne unterrühren. Zieht man Dillspitzen vor, so werden sie erst zuletzt
untergehoben. Die Kürbiswürfel in die Sauce einlegen und erneut erhitzen.
Dieses Gemüsegericht isst man in Ungarn besonders gerne zu scharf gewürztem
Schweinebraten.

Kürbiskraut mit Meerrettich

1 kg Kürbisfleisch, 250 g Schalotten, 40 g Zucker,
1 EL Rotweinessig, 100 g Butter, 300 g Crème fraîche mit Meerrettich,
Salz, Pfeffer, 2 EL Dillspitzen, 50 g frischer geriebener Meerrettich

Das Kürbisfleisch in feine Stifte schneiden. Die Schalotten schälen und in feine Scheiben schneiden.
Den Zucker in einem Topf schmelzen lassen. Wenn er beginnt, leicht braun zu werden, den Essig und die Butter dazugeben. Zunächst die Schalotten darin dünsten, dann den Kürbis dazugeben. 3 Minuten garen. Mit Crème fraîche vermischen, salzen und pfeffern. Bei milder Hitze und geschlossenem Topf in etwa 10 Minuten fertig garen. Den Dill unterheben. Vor dem Anrichten mit geriebenem Meerrettich bestreuen. Das Kürbiskraut ist z.B. eine köstliche Beilage zu Tafelspitz.

Gegrillter Kürbis

Dieses Gericht ersetzte den Siedlern in Amerika die teure Kartoffel. Es wurde oft nur mit Schwarzbrot serviert. Heute reicht man es als Gemüsebeilage zu gegrillten Rippchen (Spareribs) oder zu gebratenem Lammfleisch.

1 kg Kürbis (z.B. Gelber Zentner), Öl für das Blech, etwa 100 g Butter,
Salz, Pfeffer, Paprikapulver, Butterflöckchen nach Belieben

Den Kürbis in fingerdicke Segmente schneiden. Fasern und Kerne entfernen. Mit Küchenpapier trockentupfen. Die Kürbisspalten auf ein geöltes Backblech legen. Die Butter zerlassen und die Spalten damit bepinseln.
Den Kürbis zunächst auf der unteren Schiene des auf 250 °C vorgeheizten Ofens garen. Nach 20 Minuten erneut mit Butter bepinseln, wenden, auch die zweite Seite mit Butter bestreichen und den Kürbis nochmals 20 Minuten garen. Danach auf der oberen Schiene bei stärkster Hitze 5–10 Minuten grillen.
Vor dem Servieren die Segmente mit Salz, Pfeffer und Paprika würzen und nach Belieben mit Butterflöckchen belegen. Die Schale schneidet jeder auf seinem Teller beim Verzehr ab.

Gebackener Kürbis-Zwiebel-Auflauf

Dies ist ein altes amerikanisches Rezept, das noch aus der Zeit der Mayflower stammt. Waren die Siedler in der Lage, das Gericht mit Fleisch anzureichern, so galt das schon als Festessen. Meistens kam es allerdings solo, eventuell zusammen mit Brot, auf den Tisch.

1 kg Kürbisfleisch, 1 kg Zwiebeln, Butter für die Form, $\frac{1}{2}$ TL Oregano, Salz, Pfeffer, 100 g Butter (oder Schmalz), 60 g brauner Zucker

Das Kürbisfleisch in dicke Scheiben schneiden. Die Zwiebeln schälen und ebenfalls in Scheiben schneiden. Eine Auflaufform mit Butter einfetten. Kürbis und Zwiebeln lagenweise einschichten, jede Lage mit Oregano, Salz und Pfeffer würzen. Die Butter (oder den Schmalz) zerlassen und den Auflauf damit beträufeln. Den braunen Zucker darüber streuen.
Im auf 175 °C vorgeheizten Ofen 30 Minuten garen. Mag man das Gericht sehr weich, lässt man es dementsprechend etwas länger backen.

Kürbisgratin

1 kg Kürbisfleisch, 4 mittelgroße Kartoffeln, 50 g Butter, 50 g durchwachsener gewürfelter Speck, 3 Eier, 150 g geriebener Käse (z.B. Gruyère), Salz, Pfeffer, 2 EL Semmelbrösel

Das Kürbisfleisch würfeln. Die Kartoffeln schälen und ebenfalls würfeln. Beides in Salzwasser garen. Das Wasser abschütten und das Gemüse grob zerstampfen. 20 g Butter in einer Pfanne zerlassen und den Speck darin kross anbraten. Auf den Boden einer feuerfesten Form verteilen. Die restliche Butter ebenfalls zerlassen. Die Eier verquirlen und mit 1 EL Butter und dem Käse unter den Gemüsebrei heben. Mit Salz und Pfeffer würzen. Den Brei anschließend in die Form füllen. 10 Minuten im auf 225 °C vorgeheizten Ofen garen.
Danach das Gericht mit den Semmelbröseln bestreuen, mit der restlichen Butter beträufeln und noch einmal 10 Minuten backen lassen. Sofort servieren.

Kürbissoufflé

Dieses Soufflé stammt aus dem Südwesten Amerikas. Während der Backzeit sollte man, wie bei allen Soufflés, den Ofen nicht öffnen, damit es keine Zugluft bekommt und zusammenfällt.

*2 Zwiebeln, 2 TL Mehl, 2 EL Butter, 100 ml Sahne,
400 g Kürbispüree (Rezept S. 52), Salz, weißer Pfeffer,
2 Msp. Muskatnuss, 1 Prise Cayennepfeffer,
4 Eigelb, 6 Eiweiß, 125 g Crème fraîche,
Butter für die Form*

Die Zwiebeln schälen, würfeln und mit Mehl bestäuben. Die Butter in einer Pfanne zerlassen und die Zwiebeln darin hellbraun anbraten. Mit der Sahne ablöschen und etwas einkochen lassen. In eine Schüssel umfüllen. Das Kürbispüree unterheben und die Masse kräftig mit Salz, weißem Pfeffer, Muskat und Cayennepfeffer würzen. Nach und nach die verquirlten Eigelbe unterrühren.
Die Eiweiße zu steifem Schnee schlagen. Eischnee und Crème fraîche vorsichtig unterheben.
Die luftige Masse in eine gebutterte hohe Auflaufform füllen. Da ein Soufflé beim Backen steigt, darf die Form nur zu $^3/_4$ gefüllt werden.
Im auf 180 °C vorgeheizten Ofen in 30 Minuten hellbraun backen. Herausnehmen und sofort servieren.

☞ Sie können die Masse auch mit Wein und Balsamico-Essig abschmecken und mit Parmesan bestreuen.

☞ Wenn Ihre Auflaufform zu flach ist, können Sie den Rand mit einem Ring aus Alufolie oder Pergamentpapier erhöhen.

Südafrikanischer Auflauf

Besser bekannt ist das Gericht vielleicht unter dem Namen „bobotie". Dies ist eine von zahlreichen regionalen Varianten.

*1 mittelgroßer Kürbis (z.B. Gelber oder Roter Zentner), Salz,
250 g Zwiebeln, 2 EL Öl, 200 g Langkornreis,
750 g Brät (Bratwurstmasse), 2 EL Curry, 4 Knoblauchzehen,
125 g getrocknete Aprikosen, 120 g entrindetes Weißbrot, 50 g Rosinen,
Cayennepfeffer, 8–9 Eier, ³/₈ l Sahne*

Von dem Kürbis einen Deckel abschneiden. Die Fasern und Kerne entfernen. Vorsichtig das Fleisch herauslösen, ohne dabei die Schale zu beschädigen. Die Schale von innen mit Salz einreiben und mit der Öffnung nach unten auf Küchenpapier setzen.

Von dem Fruchtfleisch 500 g abwiegen und würfeln. (Das übrige Fleisch im Kühlschrank abgedeckt für eine spätere Verwendung aufbewahren oder garen, pürieren und tiefgefrieren). Die Zwiebeln schälen und würfeln. Das Öl in einer Pfanne erhitzen und die Zwiebeln darin anbraten. Reis, Kürbiswürfel und das zerbröselte Brät zugeben. Mit Curry bestäuben, umrühren und dann vom Herd ziehen. Die Knoblauchzehen schälen und fein hacken. Die Aprikosen klein schneiden und das Brot würfeln. Knoblauch, Aprikosen, Brotwürfel und Rosinen unter den Pfanneninhalt mischen. Mit Salz und Cayennepfeffer würzen.

Die Kürbisschale innen trocken tupfen und in einen feuerfesten Topf setzen, damit sie Halt hat. Die Mischung aus der Pfanne hineingeben. Die Eier mit der Sahne verquirlen, salzen und vorsichtig über die Füllung gießen. Den Topf mit dem gefüllten Kürbis auf die untere Schiene des auf 200 °C vorgeheizten Ofens schieben und etwa 2 ½ Stunden garen. Während der letzten Stunde mit Alufolie abdecken. 10 Minuten im ausgeschalteten Ofen ruhen lassen. Im Topf servieren.

FLEISCHGERICHTE

Gefüllte Patissons

Die Patissons sind auch unter dem Namen „Bischofsmützen" bekannt. Mit ihrer flachen,
runden Form sehen sie aus wie kleine Ufos. Ihre Schalen werden mitgegart und mitgegessen.

4 kleine Patissons, $^1/_2$ l Gemüse- oder Fleischbrühe, 1 Zwiebel,
1 Knoblauchzehe, 40 g Butter, 500 g Rindergehacktes,
3 EL gehackte Petersilie, 2 EL Tomatenmark, Salz, Pfeffer,
Paprikapulver, 4 EL Rotwein, 1 TL Zitronensaft

Von den Kürbissen am Stielende jeweils einen Deckel abschneiden. Fasern und
Kerne entfernen. Das Fruchtfleisch vorsichtig herauslösen, ohne die Schalen zu
verletzen, und beiseite stellen.
Die Brühe zum Kochen bringen und die Kürbisschalen darin 10 Minuten garen.
Danach herausnehmen und in eine Auflaufform setzen.
Zwiebel und Knoblauchzehe schälen und fein würfeln. Die Butter in einer
Pfanne erhitzen, Zwiebel, Knoblauch, Gehacktes, Petersilie und Tomatenmark
darin anbraten. Mit Salz, Pfeffer sowie Paprika würzen und mit Rotwein sowie
Zitronensaft ablöschen. Das Kürbisfleisch ganz klein würfeln und untermengen.
Die Mischung in die Kürbisse füllen. Restliche Brühe in die Form gießen. Die
Kürbisse im auf 225 °C vorgeheizten Ofen 20 Minuten garen. Nach 10 Minuten
mit Alufolie abdecken. Dazu passt sehr gut ein Risotto.

Gefüllter Kürbis

150 g Sellerie, 2 Zwiebeln, 200 g Champignons, 1 TL Butter,
500 g Gehacktes nach Belieben, 2 TL Sojasauce, 2 TL brauner Zucker,
1 EL frischer Thymian (oder 1 TL getrockneter),
1 kleine Dose Champignon-Rahmsuppe, 200 g gekochter Reis,
1 mittelgroßer Flaschenkürbis

Sellerie sowie Zwiebeln schälen und klein würfeln. Die Champignons putzen und blättrig schneiden oder hacken. Die Butter in einer Pfanne zerlassen und Sellerie, Zwiebeln sowie Champignons darin anschwitzen, bis die austretende Flüssigkeit verdampft ist. In eine Schüssel umfüllen.
In der gleichen Pfanne das Gehackte braun anbraten, überschüssiges Fett abschöpfen. Das Fleisch mit dem Gemüse in der Schüssel vermischen. Sojasauce, Zucker, Thymian, Suppe und gekochten Reis vermengen.
Von dem Kürbis der Länge nach einen Deckel abschneiden. Kerne und Fasern sorgfältig entfernen. Die Mischung einfüllen und den Deckel auflegen. In den auf 175 °C vorgeheizten Ofen schieben und 1 Stunde backen lassen.
Den Deckel abheben. Das Fruchtfleisch leicht einschneiden. Das Gericht entweder in der Frucht servieren oder die Füllung auf einem separaten Teller reichen.

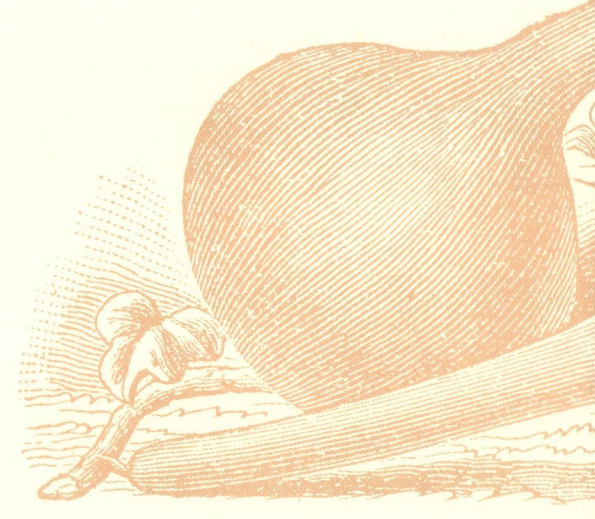

Gulasch mit Kürbis

2 dicke Zwiebeln, 2 Knoblauchzehen, 50 g Schmalz,
500 g Schweine- oder Rindergulasch, Salz, Pfeffer, 2 TL Curry,
$1/4$ l Brühe, 500 g Kürbisfleisch, 300 g Möhren, $1/4$ l Apfelwein,
dunkler Saucenbinder, $1/2$ Bund Petersilie,
2 EL getrockneter, gerebelter Majoran

Zwiebeln und Knoblauch schälen und würfeln. Das Schmalz in einem Bräter zerlassen und das Fleisch darin scharf anbraten. In den letzten Minuten die Zwiebel- und Knoblauchwürfel dazugeben, mit Salz, Pfeffer und Curry würzen. Die Brühe angießen. Das Fleisch im geschlossenen Topf gut 1 Stunde schmoren. Das Kürbisfleisch würfeln, die Möhren putzen und in dünne Scheiben schneiden. Kürbis und Möhren zu dem Fleisch geben. Den Apfelwein angießen. Etwa 15 Minuten schmoren lassen. Dann mit Saucenbinder leicht andicken. Petersilie hacken und mit dem Majoran einstreuen.
Dazu passen Salzkartoffeln, in Butter geschwenkte Nudeln oder Gnocchi. Ein frischer Feldsalat vervollständigt das Gericht.

Lammbraten mit Kürbissauce

Für 6–8 Personen
1,5 kg Lammkeule, Salz, Pfeffer, 2–3 Knoblauchzehen, 3 EL Öl,
$^1/_8$ l trockener Wermutwein, etwa $^1/_4$ l Brühe, 750 g Kürbisfleisch,
250 g Zwiebeln, 1 EL mittelscharfer Senf, $^1/_4$ l Sahne

Die Lammkeule waschen, trockentupfen, salzen und pfeffern. Die Knoblauchzehen schälen und in Stifte schneiden. Mit einem spitzen Messer kleine Taschen
in das Fleisch schneiden und die Stifte hineinschieben.
Das Fleisch in einen Bräter legen, mit heißem Öl übergießen und in den auf
225 °C vorgeheizten Ofen schieben. Nach 10 Minuten die Keule wenden und
erneut mit Öl begießen.
Nach weiteren 10 Minuten den Lammbraten mit dem Wermut übergießen und
die Brühe angießen. Den Deckel auflegen und den Braten 1 Stunde schmoren
lassen. Zwischendurch immer wieder mit dem Bratfond übergießen.
Das Kürbisfleisch würfeln, die Zwiebeln schälen und würfeln. In den Bräter
legen und 20 Minuten mitschmoren. Sollte der Fond zu stark einkochen, noch
Brühe nachgießen. Senf sowie Sahne verquirlen und über das Gemüse geben.
Das Fleisch aus dem Topf nehmen und auf einer Platte im heruntergeschalteten
Ofen warm halten.
Mit einem Backpinsel den Bratsatz von den Wänden des Bräters lösen und in die
Sauce einrühren. Mit dem Pürierstab aufmixen. Noch einmal abschmecken.
Etwas Sauce über die Keule gießen, den Rest in einer Sauciere separat servieren.
Dazu passen gebratene, mit Rosmarin bestreute Kartoffelviertel.

Indischer Kürbistopf

Für 4–6 Personen
1 kg Lammfleisch (aus der Keule oder Schulter),
2 Zwiebeln, 2 Knoblauchzehen, 2 EL Öl, Salz, gestoßener Pfeffer,
1 TL frisch geriebene Ingwerwurzel, 1 TL Chilipulver,
1/2 TL Kardamom, 2 Stangen Zimt, 1/8 l Fleischbrühe,
1/8 l Weißwein, 1 kg Kürbisfleisch,
je 30 g Mandeln, Pistazien, geschälte Kürbiskerne und Rosinen

Das Fleisch in große Würfel schneiden. Zwiebeln und Knoblauch schälen und fein hacken. Das Öl in einer Pfanne erhitzen und das Fleisch darin anbraten. In den letzten Minuten Zwiebeln und Knoblauch zugeben und mitbraten. Mit Salz, Pfeffer, Ingwer, Chilipulver, Kardamom sowie Zimt würzen und mit Brühe sowie Wein ablöschen. 45–60 Minuten schmoren lassen.

Danach das Kürbisfleisch würfeln und untermischen. Mandeln, Pistazien, Kürbiskerne und Rosinen mischen, über das Gericht streuen und es nochmals 10–15 Minuten kochen lassen. Vorsicht: Der Kürbis darf nicht zerfallen.

Es ist wichtig, dass das Fleischgericht scharf abgeschmeckt wird. Eventuell mit Chilipulver und Ingwer nachwürzen. Die Zimtstangen zum Schluss entfernen. Man serviert das Gericht mit Safranreis und frischem, kräftigem Rotwein.

☞ Um die süße Note zu verstärken, kann man nach Belieben die Menge der Rosinen erhöhen.

Kürbis und Schweinefleisch

Dieses Gericht ist Teil einer chinesischen Reistafel. Es wird am Tisch im Wok zubereitet. Jeder Gast darf beim Zubereiten mithelfen. So wird das Essen zu einem Ereignis!

150 g Bauchspeck, 1 Zwiebel, 500 g Kürbisfleisch,
$^1\!/_4$ l Hühnerbrühe, 500 g Schweinefleisch (aus der Schulter),
$^1\!/_2$ TL Kreuzkümmel (gemahlen), Salz, Pfeffer

Den Bauchspeck in Würfel schneiden. Die Zwiebel schälen und in Ringe schneiden. Das Kürbisfleisch in Scheiben schneiden. Speck und Zwiebel im Wok anbraten. Die Kürbisscheiben dazugeben, kurz mitbraten lassen. Mit etwas Brühe ablöschen und kochen lassen, bis der Kürbis weich ist. Herausnehmen und beiseite stellen.
Das Fleisch in Streifen schneiden. Mit einer Mischung aus Kreuzkümmel, Salz und Pfeffer einreiben, in die Brühe legen und 10 Minuten kochen lassen. Das Gemüse wieder untermengen.

☞ Noch besser schmeckt das Gericht, wenn Sie es zum Schluss mit gerösteten Kürbiskernen bestreuen oder diese dazu servieren.

Gefüllte Enten

2 kleine Enten, Salz, Pfeffer, 1 Zwiebel, 1 dicker Apfel,
300 g Kürbisfleisch, 2 gekochte Kartoffeln, 1 Stange Lauch,
1 Stängel Staudensellerie, 2 Stängel Petersilie, 2 Zweige Thymian,
2 EL Beifuß, 3 Lorbeerblätter, 2 EL Öl, $^1\!/_4$ l Brühe,
Salzwasser zum Bestreichen

Die Enten innen und außen salzen und pfeffern. Die Zwiebel schälen und würfeln. Den Apfel schälen, vom Kerngehäuse befreien und wie das Kürbisfleisch in Würfel schneiden. Die Kartoffeln pellen und ebenfalls würfeln. Den Lauch putzen und in Ringe schneiden. Den Sellerie von Fäden befreien und in Würfel schneiden. Die Petersilie hacken.

Die zerkleinerten Zutaten mischen und die Enten damit füllen. Mit Rouladennadeln verschließen.

Die Enten in einen Bräter legen, restliche Kräuter sowie Gewürze ebenfalls einlegen und das erhitzte Öl darüber gießen. Die Brühe angießen, den Deckel auflegen und die Enten 30 Minuten im auf 200 °C vorgeheizten Ofen schmoren. Danach den Deckel abnehmen, die Enten bräunen lassen und dabei wiederholt mit Salzwasser bepinseln. Einmal umdrehen.

Nach weiteren 30 Minuten Garzeit die Enten zerteilen, auf eine Platte legen, die Füllung rundherum anrichten und mit etwas Bratensaft beträufeln.

Geflügelcurry mit Kürbis

500 g Puten- oder Hähnchenbrust, 1 EL Butterschmalz, Salz, 2 TL Curry,
$^1/_4$ l Hühnerbrühe, 1 Stange Lauch, 1 dicker Apfel (Boskop),
$^1/_8$ l Apfelwein (oder Apfelsaft), Schale von 1 unbehandelten Zitrone,
1 EL Speisestärke, 1 Becher saure Sahne,
500 g gekochte Kürbiswürfel, 500 g gekochte Kartoffelwürfel

Das Geflügelfleisch in Streifen schneiden. Das Butterschmalz in einer Pfanne erhitzen und das Fleisch darin anbraten. Mit Salz sowie Curry würzen und kurz weiterbraten. Mit der Brühe ablöschen. 5 Minuten kochen lassen.

Inzwischen den Lauch putzen und in Ringe schneiden. Den Apfel schälen, vom Kerngehäuse befreien und in Würfel schneiden.

Lauch und Apfel zu dem Fleisch geben und kurz mitkochen, dann den Apfelwein (oder Apfelsaft) angießen und die Zitronenschale zufügen.

Die Speisestärke mit der sauren Sahne anrühren und unter den Eintopf mischen, weiterkochen lassen. Zum Schluss die gegarten Kürbis- und Kartoffelwürfel zufügen und das Gericht recht heiß servieren.

SAUCEN

Käse-Kürbis-Sauce

300 g Kürbisfleisch, 4 EL Weißwein, 1 EL Zucker,
$^1/_2$ Zimtstange, 150 g geriebener milder Käse, 1 Becher Sahne, Salz,
Pfeffer, 50 g Kürbiskerne ohne Schale, 1 EL Kürbiskernöl

Das Kürbisfleisch in kleine Stücke schneiden. Mit Weißwein, Zucker und Zimt weich kochen. Danach die Zimtstange entfernen und den Kürbis pürieren. Den geriebenen Käse und die Sahne untermischen. Mit Salz und Pfeffer abschmecken. Die Kürbiskerne hacken und in dem Kürbiskernöl mit etwas Salz braten. In die Sauce rühren. Diese Sauce schmeckt wunderbar zu Spaghetti.

Süßsaure Kürbissauce

2 Möhren, $^1/_4$ Sellerieknolle oder 1 Stängel Staudensellerie,
2 EL Kürbisfleisch, 1 Zwiebel, 2 EL Kürbiskernöl,
400 g Kürbispüree (Rezept S. 52), 2 EL Ahornsirup,
1 EL Zitronensaft, 1 EL Apfelessig, 4 EL fein gewürfelte Ananas,
1 EL Paprikamus (Ajvar), Salz, Pfeffer, 1 Prise gemahlener Koriander

Möhren sowie Sellerie putzen und mit dem Kürbisfleisch in Stifte schneiden. 2–3 Minuten blanchieren. Die Zwiebel ganz fein würfeln. Das Öl in einer Pfanne erhitzen und die Gemüsestifte sowie die Zwiebel darin kurz anbraten. Kürbispüree, Sirup, Zitronensaft, Essig, Ananas und Paprikamus unterrühren, kurz köcheln lassen. Wichtig ist, dass das Gemüse noch knackig ist. Mit Salz, Pfeffer und Koriander würzen.
Diese Sauce passt zusammen mit Reis zu gebratenem Geflügel oder Fisch. Sie kann auch als Grundlage für Fleischsalate dienen.

Tomatensauce mit Kürbiskernen

100 g geröstete, gesalzene Kürbiskerne, 375 g Tomaten, 2 Zwiebeln,
6 eingelegte Gewürzpaprika, 6 getrocknete Chilischoten,
1 ¹/₂ TL gemahlener Koriander, ¹/₂ TL fein gehackter Knoblauch,
2 EL gehackte Petersilie, 1 EL Öl,
1 ¹/₂ TL Salz, ¹/₂ TL schwarzer Pfeffer

Die Kürbiskerne im Mixer zu Pulver zermahlen. Die Tomaten blanchieren, häuten und vom Stielansatz befreien. Die Zwiebeln schälen und würfeln. Die Gewürzpaprika von den Kernen befreien. Tomaten, Zwiebeln und Paprika mit Chilischoten, Koriander, Knoblauch und Petersilie im Mixer pürieren.
Das Öl in einem Topf erhitzen, die gemahlenen und pürierten Zutaten unter Rühren darin sämig einkochen lassen und mit Salz sowie Pfeffer würzen.
Diese Sauce passt zusammen mit Reis besonders gut zu gedünsteten Hummer-krabben.

☞ Die Suppe kann vor dem Servieren noch mit gehackten Kürbiskernen bestreut werden.

Kürbiskernpesto

1 Knoblauchzehe, 3 EL Kürbiskerne ohne Schalen, 1 Bund Petersilie,
2 Bund Basilikum, 40 g geriebener Parmesankäse,
6 EL Kürbiskern- oder Olivenöl, Salz, Pfeffer

Die Knoblauchzehe schälen und zerdrücken. Die Kürbiskerne ohne Zugabe von Fett in einer Pfanne rösten. Petersilien- und Basilikumblättchen abzupfen und grob hacken, Knoblauch, Kürbiskerne und Kräuter zusammen mit dem Parmesan und dem Öl in einen Mixer geben und pürieren. Mit Salz und Pfeffer würzen. Zu Spaghetti, Gnocchi oder gekochtem Fischfilet servieren.

Schnelle Sauce

2 Gläser Kürbis, süß-sauer eingelegt (Rezept S. 104),
50 g Butter, 1 TL Zimt, 50 g Zucker

Den Kürbis auf einem Sieb abtropfen lassen und dann pürieren. Die Butter in einer Pfanne zerlassen und das Kürbispüree mit so viel Saft dazugeben, dass eine cremige Sauce entsteht. Aufkochen und mit Zimt sowie Zucker würzen.
Diese Sauce schmeckt zu allen Fleischgerichten.

☞ Man kann die Sauce variieren, indem man sie statt mit dem Saft des süßsauer eingelegten Kürbisses mit Bratfond zubereitet.

Kürbis-Orangen-Sauce

Schale von 1 unbehandelten Orange, 500 g weiches Kürbispüree
(Rezept S. 52), $^1/_2$ l frisch gepresster Orangensaft,
$^1/_2$ TL Ingwerpulver, $^1/_2$ TL Zimt, 250 g Gelierzucker

Die Orange hauchdünn schälen, so dass das Weiße an der Frucht verbleibt. Die Schale in feine Streifen schneiden und blanchieren.
Kürbispüree, Orangensaft, und -schale, Ingwer, Zimt und Gelierzucker in einem Topf erhitzen und vier Minuten sprudelnd kochen lassen.
Entweder sofort zu Fisch, Schalentieren oder Fondue reichen oder in Twist-off-Flaschen füllen und gut verschließen.

Frischkäsesauce

400 g Frischkäse (z.B. Buko oder Philadelphia), $^1/_4$ l Milch,
$^1/_8$ l Sahne, 100 g Staudensellerie, 100 g Kürbiskerne ohne Schalen,
1 Bund Schnittlauch, Salz, Pfeffer

Den Käse mit Milch und Sahne in einer Schüssel glattrühren. Den Sellerie von den Fäden befreien und in ganz kleine Würfel schneiden. Die Kürbiskerne in einer Pfanne ohne Zugabe von Fett rösten und dann in der Mandelmühle mahlen. Schnittlauch in Röllchen schneiden.
Sellerie und Kürbiskerne unter die Sauce rühren. Mit Salz sowie Pfeffer würzen und mit Schnittlauchröllchen bestreuen. Die Sauce passt kalt, aber auch warm serviert, gut zu Pellkartoffeln oder Tafelspitz.

Kürbiskernsauce

100 g Kürbiskerne ohne Schalen, 1 kleine Knoblauchzehe, 2 Eigelb,
$^1/_2$ EL Zitronensaft, 4 EL Kürbiskernöl, $^1/_4$ l Sahne, Salz

Die Kürbiskerne in der Mandelmühle mahlen. Den Knoblauch schälen und zerdrücken. Kürbiskerne und Knoblauch in den Mixer geben. Mit den Eigelben und dem Zitronensaft mixen. Das Öl tropfenweise einlaufen lassen. Nach und nach die Sahne dazugeben. Mit Salz würzen. Diese Sauce reicht man kalt zu gekochtem Gemüse oder zu Fisch.

DESSERTS

Kürbisdessert

Für 6 Personen
6 kleine Kürbisse (Jack Be Little oder Patisson), 3 EL Honig, 4 Eier,
$^1/_4$ l Milch, 400 g Kürbispüree (Rezept S. 52),
3 EL Ahornsirup (oder Melasse),
1 TL abgeriebene Schale von 1 unbehandelten Orange, $^1/_2$ TL Zimt,
$^1/_8$ TL Muskatnuss, 1 Prise Ingwerpulver

Von den Kürbisses jeweils am Stielansatz einen Deckel abschneiden. Kerne und Fasern herauslösen. Den Deckel wieder auflegen und die Kürbisse 20 Minuten im auf 175 °C vorgeheizten Ofen garen. Herausnehmen und abkühlen lassen.
Die Kürbisse von innen mit Honig ausstreichen. Die Eier in einer Schüssel schaumig schlagen. Milch, Kürbispüree, Ahornsirup (oder Melasse), Orangenschale, Zimt, Muskat, Ingwer sowie den restlichen Honig unter die Eier rühren. Die Kürbisse zu $^3/_4$ mit der Mischung füllen und in eine feuerfeste Form setzen. Etwas Wasser angießen. 30–45 Minuten im Ofen backen, bis der Pudding gestockt ist. Zur Sicherheit eine Stäbchenprobe machen!
Aus dem Ofen nehmen, die Deckel auflegen und heiß oder lauwarm servieren. Das Dessert wird zusammen mit dem Kürbisfleisch aus den Früchten gelöffelt.

Mexikanisches Kuchendessert

Für 6 Personen
3 große Chayoten (Christofinen), 3 Eier, 4 cl süßer Sherry,
$^1/_2$ TL geriebene Muskatnuss, 150 g Rosinen, 225 g Zucker,
4 Tassen zerbröselter Biskuitteig, $^1/_2$ Tasse Mandelstifte,
Butter für die Form

Die Chayoten der Länge nach halbieren. Nebeneinander in einen Topf legen, mit kaltem Wasser bedecken und zum Kochen bringen. Dann im geschlossenen Topf 30 Minuten garen; das Fruchtfleisch soll danach weich sein.
Kürbisse auf einem Sieb abtropfen lassen, Fasern und Kerne entfernen. Das Fleisch ebenfalls herauslösen, ohne dabei die Schalen zu verletzen. Das Fruchtfleisch in einer Schüssel mit einer Gabel zerdrücken. Nach und nach Eier, Sherry und Muskat unterrühren. Danach Rosinen, Zucker und Biskuitbrösel einarbeiten. Die Mischung soll die Konsistenz von Kartoffelbrei haben, bei Bedarf noch mehr Biskuitbrösel zugeben.
Die Füllung gehäuft in die Kürbisschalen füllen. Mit einigen Mandelstiften bestreuen. Eine Kuchenform buttern. Die Schalen nebeneinander hineinsetzen. Die Chayoten auf der mittleren Schiene des auf 175 °C vorgeheizten Ofens in etwa 15 Minuten goldbraun backen. Sie werden heiß gegessen.

Brasilianischer Kürbispudding

$^1/_4$ l Milch, $^1/_8$ l Sahne, 100 g brauner Zucker,
$^1/_2$ TL abgeriebene unbehandelte Orangenschale,
$^1/_2$ TL Zimt, $^1/_4$ TL Ingwerpulver, $^1/_2$ TL Salz, 3 Eier,
1 Tasse (250 ml) Kürbispüree (Rezept S. 52), Butter für die Form

Milch und Sahne mit Zucker, Orangenschale, Zimt, Ingwer sowie Salz kräftig schaumig schlagen. Unter Rühren die Eier und das Kürbismus einarbeiten, bis ein glatter Brei entstanden ist. Eine 1-l-Auflaufform mit der Butter einfetten und mit dem Brei füllen. Die Form in ein Wasserbad stellen und im auf 175 °C vorgeheizten Ofen 75 Minuten stocken lassen. Zur Sicherheit eine Stäbchenprobe machen! Die Form aus dem Wasserbad nehmen und den Pudding gut durchkühlen.

Kürbisravioli

Teig: 150 g Mehl, 1 TL Salz, 2 Eier, 1 TL Öl
Füllung: 200 g Kürbisfleisch, 2 EL Honig, $^{1}/_{2}$ TL Zimt,
1 Prise Ingwerpulver, abgeriebene Schale von 1 unbehandelten Zitrone,
2 Eigelb, 50 g Zwiebackbrösel, 2 Eiweiß
Außerdem: 1 TL Salz, 50 g Butter, 50 g Zucker, 1 TL Zimt

Für den Teig das Mehl in eine Schüssel sieben und eine Mulde hineindrücken. 5 EL Wasser, Salz, Eier und Öl in die Mulde gießen und alle Zutaten zu einem weichen Teig verkneten. Aus der Schüssel nehmen. Diese mit heißem Wasser ausspülen, danach das Wasser wegschütten. Die heiße, nasse Schüssel über den Teig stülpen und ihn 30 Minuten ruhen lassen.

Inzwischen die Füllung zubereiten: Dazu das Kürbisfleisch pürieren. In einen Topf geben und so lange kochen, bis ein festes Püree entstanden ist, abkühlen lassen. Mit Honig, Zimt, Ingwer, Zitronenschale und Eigelben mischen.

Den Ravioliteig halbieren. Beide Hälften dünn und gleich groß ausrollen. Auf die eine Teighälfte im Abstand von 5 cm kleine Häufchen Zwiebackbrösel setzen. Darauf ein Häufchen Kürbismasse platzieren. Rundum mit verquirltem Eiweiß bestreichen. Die andere Teighälfte auflegen und gut andrücken. Mit einem Ausstechring (von 5–6 Durchmesser) runde Ravioli ausstechen oder mit dem Teigrädchen quadratische Teigtaschen ausradeln.

2 l Wasser mit dem Salz in einem großen Topf zum Kochen bringen. Die Ravioli mit einem Schaumlöffel hineingleiten lassen und 5 Minuten darin gar ziehen lassen.

Inzwischen die Butter in einer Pfanne bräunen. Zucker und Zimt miteinander vermischen.

Die Ravioli mit dem Schaumlöffel aus dem Wasser heben und in eine vorgewärmte Schüssel legen. Mit brauner Butter übergießen und mit der Zucker-Zimt-Mischung bestreuen. Sofort servieren.

Süßes Kürbissoufflé

400 g Kürbisfleisch, 100 g Zucker, 100 ml Apfelsaft (oder Wasser),
4 EL Zitronensaft, 30 g Speisestärke,
500 g Magerquark, 4 Eier, Butter und Zucker für die Form

Das Kürbisfleisch würfeln, mit der Hälfte des Zuckers vermischen und mit Apfelsaft (oder Wasser) sowie Zitronensaft zum Kochen bringen. Den Kürbis
20 Minuten kochen lassen, danach pürieren. Die Speisestärke mit etwas Wasser
anrühren und das Püree damit erneut aufkochen, um es zu binden. Unter mehr-
maligem Rühren abkühlen lassen.
Den Quark in einem Küchentuch trocken auspressen. Die Eier trennen. Eigelbe,
Quark, Kürbispüree und restlichen Zucker vermengen. Die Eiweiße steif
schlagen und vorsichtig unter die Kürbis-Quark-Masse heben.
Den Boden einer ausreichend großen Auflaufform (sie sollte so groß sein, dass sie
nur zu $^2/_3$ gefüllt wird) buttern und mit Zucker bestreuen. Die Masse einfüllen.
Auf die untere Schiene des vorgeheizten Ofens schieben und bei 175–200 °C
etwa 45 Minuten backen. Während der Backzeit den Ofen nicht öffnen, damit
das Soufflé keine Zugluft bekommt und zusammenfällt. Sofort nach dem
Herausnehmen servieren.

Überbackenes Kürbisomelett

3 EL Mehl, 2 Eier, 100 ml Milch, 100 g Zucker, 1 Prise Salz,
500 g Kürbisfleisch, 50 g in Rum eingelegte Rosinen,
50 g gehackte Walnüsse, 5 EL Butter,
200 ml Milch, 200 g saure Sahne, 1 TL Vanillezucker, 3 Eier

Für das Omelett Mehl, Eier, Milch sowie je 1 Prise Zucker und Salz zu einem
glatten Teig verrühren und 1 Stunde ruhen lassen.
Das Kürbisfleisch fein raspeln, mit den Rosinen, den Nüssen und dem übrigen
Zucker vermischen.

2 EL Butter in einer Pfanne zerlassen. Den Omeletteig hineinfließen lassen und bei geschlossenem Deckel backen. Eine Auflaufform mit etwa 1 EL Butter einfetten. Das Omelett so einlegen, dass man auf die eine Hälfte die Füllung verteilen und die andere Hälfte darüberklappen kann.

Milch, saure Sahne, Vanillezucker und Eier miteinander verquirlen und über das Omelett gießen. Die restliche Butter in Flöckchen darauf verteilen.

Die Form in ein Wasserbad stellen und auf der mittleren Schiene des vorgeheizten Ofens bei 180 °C 45 Minuten überbacken.

Crêpes mit Kürbiskernen

Für 8 Personen
100 g Kürbiskerne ohne Schale, 100 g Weizenvollkornmehl (Type 1050),
$^1/_2$ l Milch, 1 Prise Salz, 4 Eier, 100 g Butter, 4 EL Zucker,
1 Msp. Zimt, 8 EL Ahornsirup

40 g Kürbiskerne in der Mandelmühle mahlen. Mehl, Milch und Salz miteinander verrühren und 15 Minuten quellen lassen. Danach die verschlagenen Eier und die gemahlenen Kürbiskerne einrühren.

Jeweils etwas Butter in einer Pfanne zerlassen oder die Pfanne mit gebuttertem Pergamentpapier ausreiben. Jeweils eine kleine Kelle Teig einfüllen. Die Pfanne schwenken, damit der Teig gleichmäßig verläuft. Sobald die untere Seite hell braun, die obere aber noch feucht ist, etwas von den restlichen Kürbiskernen darüber streuen. Die Crêpe wenden und auf der zweiten Seite ebenfalls hell braun braten. Jede Crêpe mit einem Gemisch aus Zucker und Zimt bestreuen, zusammenklappen und auf einer Platte im Ofen warm halten.

Ist der Teig aufgebraucht, die fertigen Crêpes auf Teller verteilen, mit Ahornsirup beträufeln und sofort servieren. That's the American way of good life!

Kürbispudding „George Washington"

Dieser Nachtisch hat zwar Ähnlichkeit mit dem Kürbisdessert (Rezept S. 75), aber es ist nicht so zeitaufwendig. Man sagt, es sei das Lieblingsdessert von George Washington gewesen. Zu seiner Zeit nannte man es noch „Pumpkin Pie". Heute versteht man dagegen unter einer Pie eine Art Kuchen.

Für 8 Personen
1 großer Kürbis (2–3 kg), 6 Eier, $^1/_4$ l Sahne, 1 EL Sirup
(oder Melasse), 125 g brauner Zucker, $^1/_2$ TL Muskatnuss, 1 TL Zimt,
$^1/_4$ TL Ingwerpulver, 2 EL Butter

Von dem Kürbis am Stielansatz einen Deckel abschneiden. Kerne und Fasern entfernen. Die Kerne waschen, trocknen und beiseite stellen. Eier, Sahne und Sirup mit Zucker, Muskat, Zimt und Ingwer mischen, in den Kürbis füllen. Die Butter in einer Pfanne zerlassen und darüber gießen. Den Deckel wieder auflegen und den Kürbis in eine Backform stellen. Im auf 180 °C vorgeheizten Ofen 1–1$^1/_2$ Stunden garen. Er ist gar, wenn bei der Stäbchenprobe nichts am Stäbchen hängen bleibt. Den Kürbis im Ganzen heiß servieren. Mit der Füllung auch Fruchtfleisch abstechen und portionsweise verteilen.

☞ Geröstete Kürbiskerne runden das Dessert ab: Dazu die Kerne aus den Schalen lösen und in Butter mit Zimt und Zucker rösten. Ausgekühlt leicht zerstampfen.

Gebackener Kürbis mit Äpfeln

500 g Kürbisfleisch (Gelber oder Roter Zentner), 1 EL Butter,
$^1/_2$ l Milch, 2 Äpfel (Boskop), 90 g Fadennudeln, Butter für die Form,
2 Eier, 2 TL Zucker, 1 Prise Salz, 20 g Butter, 1 Becher saure Sahne

Den Kürbis in große Stücke schneiden. Butter in einer Pfanne zerlassen und die Kürbisstücke darin anbraten. Mit der Milch übergossen kochen lassen, bis der Kürbis bissfest ist.
Inzwischen die Äpfel schälen, vom Kerngehäuse befreien und ebenfalls in große Stücke schneiden. Mit den Nudeln zum Kürbis geben und kurz mitkochen lassen. Zum Abkühlen beiseite stellen.
Eine Auflaufform buttern. Die Eier trennen. Die Eigelbe mit Zucker und Salz schaumig schlagen. Die Eiweiße zu steifem Schnee schlagen und vorsichtig mit dem Eigelbschaum vermengen.
Den abgekühlten Kürbis in die Form füllen. Die Eimasse darüber gießen. Die Butter in Flöckchen darauf setzen. Im auf 200 °C vorgeheizten Ofen 35−40 Minuten garen. Mit der schaumig gerührten sauren Sahne servieren.

Süßer Kürbisauflauf

1 l Milch, 200 g Hartweizengrieß, 4 EL Zucker, 2 Eier,
300 g geriebenes Kürbisfleisch, 1 EL Zitronensaft,
abgeriebene Schale von 1 unbehandelten Zitrone, 1 TL Vanillezucker,
Butter für die Form, 20 g Butter zum Begießen

Die Milch zum Kochen bringen. Unter Rühren den Grieß einrieseln und ausquellen lassen. Mit dem Zucker süßen. Die Eier trennen. Die Eigelbe mit Kürbisfleisch, Zitronensaft sowie -schale vermengen und unter den Grießbrei rühren. Die Eiweiße mit dem Vanillezucker zu steifem Schnee schlagen und vorsichtig unterheben.
Eine Auflaufform buttern. Die Butter in einer Pfanne zerlassen und abkühlen lassen. Den Brei in die Form füllen und mit der Butter übergießen. Im auf 225 °C vorgeheizten Ofen in 30 Minuten goldbraun backen. Warm servieren.

Holländischer Kürbispudding

Butter für die Form, 3 Eiweiß, 125 g Zucker,
1 kg Kürbispüree (Rezept S. 52),
abgeriebene Schale von 1 unbehandelten Zitrone,
150 g gehackte Mandeln, 75 g halbierte Mandeln
Sirup: 250 g Zucker, Saft von 1 unbehandelten Zitrone

Eine flache Backform einfetten. Die Eiweiße zu Schnee schlagen. Zucker, Kürbispüree, Zitronenschale und gehackte Mandeln vorsichtig unterheben. Den Teig in die Form streichen, mit halbierten Mandeln verzieren und im auf 200 °C vorgeheizten Ofen 50 Minuten backen.
Inzwischen aus Zucker, $\frac{1}{8}$ l Wasser und Zitronensaft einen Sirup kochen. Den heißen Pudding mehrfach löffelweise damit bestreichen und jeweils warten, bis der Sirup eingezogen ist. Abkühlen lassen.

Kürbiscreme mit Schokolade

$\frac{1}{8}$ l Milch, 750 g Kürbisfleisch (Moschuskürbis),
120 g Butter, 100 g brauner Zucker,
1 TL abgeriebene unbehandelte Zitronenschale,
125 g Zartbitterschokolade, 100 g Walnüsse, $\frac{1}{8}$ l Sahne,
$\frac{1}{2}$ TL Vanillezucker, zartbittere Schokoladen-Dekorblättchen

Die Milch zum Kochen bringen und das Kürbisfruchtfleisch 20 Minuten darin garen. Danach das Fleisch pürieren. Mit Butter, Zucker und Zitronenschale unter ständigem Rühren zu einem dicken Brei einkochen. Vorsicht! Sobald die überschüssige Flüssigkeit verdampft ist, brennt die Creme leicht an. Abkühlen lassen. Schokolade und Nüsse hacken. Die Sahne mit dem Vanillezucker steif schlagen. Alles unter den erkalteten Brei heben und zum Durchkühlen 1–2 Stunden in den Kühlschrank stellen.
Die Creme durchrühren und in eine Dessertschale füllen. Mit Schokoladenblättchen garnieren.

Marshmallow-Dessert

Boden: 375 g Grahamcracker (oder Cornflakes),
125 g Butter, 60 g Zucker,
60 g geröstete, zerstoßene Kürbiskerne oder Walnüsse, $^1/_2$ TL Zimt
Belag: 30 Marshmallows, 250 g Kürbispüree (Rezept S. 52),
$^1/_2$ TL Zimt, $^1/_4$ TL Ingwer, je 1 Msp. Muskatnuss, Nelkenpulver, Salz,
$^1/_4$ l Sahne, $^1/_2$ TL Vanillezucker

Für den Boden Cracker (oder Cornflakes) grob zerstoßen. Mit Butter, Zucker, Kürbiskernen (oder Walnüssen) und Zimt in einer Pfanne leicht rösten. Eine Pie-Form mit Backpapier auslegen. Den Crackerbrei warm darauf verstreichen. Für den Belag die Marshmallows in einer Pfanne schmelzen lassen. Mit Kürbispüree, Zimt, Ingwer, Muskat, Nelke und Salz verrühren. Abkühlen lassen. Die Sahne mit dem Vanillezucker steif schlagen und unterheben. Auf dem Boden verteilen. Tiefkühlen.

Dessert für Leckermäuler

150 g getrocknete Aprikosen, 200 ml Aprikosensaft, 1 EL Zitronensaft,
500 g Kürbisfleisch, je 1 Prise Ingwerpulver, Zimt und Nelkenpulver,
2 TL Honig, 100 ml Sahne, 50 g gehobelte Mandeln

Die Aprikosen würfeln. Aprikosen- und Zitronensaft zum Kochen bringen und die Aprikosen darin 10 Minuten kochen lassen. Die Hälfte der Aprikosen herausnehmen und beiseite stellen.
Das Kürbisfleisch würfeln und unter die andere zweite Hälfte der Aprikosen mischen. Nochmals 10 Minuten kochen lassen. Die Mischung pürieren und mit Ingwer, Zimt, Nelke und Honig würzen. Die beiseite gestellten Aprikosenstückchen untermengen und das Püree auskühlen lassen. Die Sahne steif schlagen und vorsichtig unterheben. In eine Glasschüssel oder in Portionsschälchen füllen. Die Mandelblättchen in einer Pfanne leicht rösten und über das Dessert streuen.

Bulgarisches Früchtekompott

500 g Kürbisfleisch (Winterkürbis), 300 g gemischtes Trockenobst,
50 g Honig, 2 EL Weißwein (oder Wasser)

Das Kürbisfleisch und das Trockenobst würfeln. Mit dem Honig in einen Topf geben. Den Wein (oder das Wasser) angießen. Bei schwacher Hitze im geschlossenen Topf 30 Minuten köcheln lassen. Danach sollen die Flüssigkeit verdampft und die Früchte gar sein. Während des Auskühlens mehrmals durchrühren.

Kürbis-Apfel-Dessert

250 g Kürbisfleisch (Butternuss), 250 g geschälte Äpfel (Boskop),
2 EL in Rum eingelegte Rosinen, 1 EL Zitronensaft,
1 EL flüssiger Honig, 250 g saure Sahne, 50 g Zucker, 1 Msp. Zimt

Kürbis und Äpfel raspeln. Die Rumrosinen und den Zitronensaft einrühren. Mit Honig süßen. Die saure Sahne schaumig schlagen, mit Zucker und Zimt vermischen und über die Rohkost gießen.

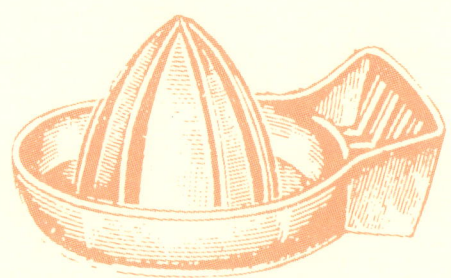

Frittierte Kürbisblüten

Dieses wunderbare Rezept stammt aus der Toskana. Aber auch in Lateinamerika werden Kürbisblüten auf diese Weise zubereitet.

8–12 Kürbisblüten, Sonnenblumenöl zum Ausbacken
Teig: 1 Ei, 80 g Mehl, 1 Prise Salz, ¹/₂ EL Zucker,
1 TL Vanillezucker, 200 ml Milch, Puderzucker, frische Früchte
(z.B. Himbeeren, Brombeeren, Orangen oder Obstsalat)

Die Blüten vorsichtig waschen, den Stängel kurz hinter dem Ansatz abschneiden. Mit einer Schere die Staubfäden aus den Blüten entfernen.
Das Ei trennen. Eigelb, Mehl, Salz, Zucker und Vanillezucker mit der Milch zu einem glatten Teig verquirlen. Das Eiweiß zu steifem Schnee schlagen und vorsichtig unterheben.
Das Öl erhitzen. Die Blüten am Stängelansatz festhalten, durch den Teig ziehen und schwimmend in dem Öl ausbacken. Auf Küchenpapier kurz abtropfen lassen. Danach auf Portionsteller legen, mit Puderzucker bestäuben und mit frischen Früchten garnieren.
Dazu schmeckt eine Vanillesauce, mit einigen Tropfen Himbeergeist parfümiert, besonders gut.

☞ Möchten Sie frittierte Kürbisblüten als Vorspeise servieren? Dann lassen Sie im Teig Zucker und Vanillezucker sowie den Puderzucker zum Bestäuben weg und bestreuen die ausgebackenen Blüten mit mildem geriebenem Käse. Als Garnitur für diese herzhafte Variante eignen sich Krabben oder Garnelen.

BACKWERK

Die besten Rezepte für Kürbisbrote und Kuchen stammen aus den Vereinigten Staaten von Amerika. Eine Vielzahl von Rezepten, Backmischungen und Gewürzzutaten stehen dort zur Auswahl. Vorgefertigt, schnell zubereitet, erreichen diese Gebäcke einen großen Beliebtheitsgrad, sei es zum Frühstück oder zum Nachmittagstee, mit Butter und/oder Marmelade bestrichen. Kürbisbrot schmeckt leicht süßlich und erinnert für unseren Geschmack mehr an Rührkuchen als an Brot.

Kürbiskuchen mit Grieß

Teig: 120 g Butter, 60 g Zucker, 250 g Mehl (Type 405)
Belag: ¹/₂ l Milch, 125 g Grieß, 4 EL Honig (oder Ahornsirup),
1 Prise Salz, 40 g Butter, Saft und abgeriebene Schale von 1 unbehandelten
Zitrone, 3 Eier, 400 g geriebenes Kürbisfleisch, 80 g geriebene Mandeln

Aus Butter, Zucker und Mehl einen weichen Teig kneten. 30 Minuten im Kühlschrank ruhen lassen. Eine Springform (26 cm Durchmesser) mit Backpapier auslegen. Den Teig auf 28 cm Durchmesser ausrollen, in die Form legen und am Rand etwas hochziehen. Im vorgeheizten Ofen bei 175 °C nach Sicht so lange backen, bis er trocken, aber noch sehr hell ist.
Inzwischen die Milch zum Kochen bringen und den Grieß darin unter Rühren ausquellen lassen. Honig (oder Sirup), Salz, Butter, Zitronensaft und -schale einrühren. Die Eier trennen. Das Kürbisfleisch, die Eigelbe und die Mandeln unter den Brei rühren. Die Eiweiße steif schlagen und vorsichtig unterheben.
Die Mischung auf den Teig streichen. Auf der unteren Schiene des Ofens bei 175 °C 30–40 Minuten backen. Zur Sicherheit die Stäbchenprobe machen. Der Kuchen schmeckt lauwarm am besten.

Pumpkin-Pie

Teig: 250 g Mehl, $^1/_2$ TL Salz, $^1/_2$ TL Zucker, 100 g Schmalz,
1 Ei, 2 EL Apfelessig, 3–4 EL Eiswasser
Füllung: 400 g Kürbisfleisch, $^1/_4$ l Crème double, $^1/_8$ l Milch,
175 g brauner Zucker, $^1/_4$ TL Zimt, je 1 Msp. Nelkenpulver,
Ingwer und Muskatnuss, 3 Eier
Außerdem: Butter und Mehl für die Form, $^1/_4$ l Sahne

Eine Springform oder eine Pie-Form (Durchmesser 26 cm) sorgfältig einfetten und bemehlen.

Mehl, Salz, Zucker, Schmalz, Ei, Essig und Eiswasser rasch zu einem glatten Teig verkneten und 1 Stunde im Kühlschrank ruhen lassen.

Inzwischen das Kürbisfleisch würfeln. Wenig Wasser (ca. $^1/_8$ l) zum Kochen bringen und den Kürbis darin 15 Minuten garen. Abgießen, grob zerstampfen und gut mit Crème double, Milch, Zucker, Zimt, Nelke, Ingwer, Muskat und Eiern mischen.

Den Teig zu einer runden Platte (28 cm Durchmesser) ausrollen und die Pie- bzw. Springform damit auslegen. Den Rand etwas hochziehen und andrücken. Die Kürbismasse darauf verteilen. Auf der mittleren Schiene des auf 200 °C vorgeheizten Ofens etwa 1 Stunde backen. Die Sahne schlagen und zu der lauwarmen Pie servieren.

☞ Man kann die Pumkin-Pie auch mit einem Praliné-Topping versehen: Dazu 125 g braunen Zucker, 3 EL Butter (Zimmertemperatur), 125 g gehackte sowie 125 g gemahlene Pecannüsse verrühren, und die Pie vor dem Backen damit bestreichen.

Tessiner Kürbiskuchen

10 Weizenbrötchen vom Vortag, 1 l lauwarme Milch,
500 g Kürbisfleisch, Salz, 2 Eier, 250 g Zucker, 1 EL Vanillezucker,
Saft von 1 Orange, abgeriebene Schale von 2 unbehandelten Orangen,
150 g Rosinen, 100 g gehackte Pistazien, 2 cl Rum,
Butter und Paniermehl (oder Zwiebackbrösel) für die Form, 40 g Butter

Die Brötchen grob zerkleinern und mit der Milch übergießen. Gut einweichen lassen. Inzwischen das Kürbisfleisch würfeln und in $\frac{1}{8}$ l Salzwasser garen. Das Wasser abgießen, das Fruchtfleisch 5 Minuten ausdampfen lassen und pürieren. Die Eier mit Zucker und Vanillezucker schaumig schlagen. Orangensaft und -schale einrühren. Die Brötchen kräftig ausdrücken und mit dem Mixstab pürieren. Mit dem Kürbismus unter die Eimasse mischen. Die Rosinen heiß abspülen, trockentupfen und mit Pistazien sowie Rum in den Teig einarbeiten. Eine große, feuerfeste Auflaufform mit der Butter einfetten und mit dem Paniermehl (oder den Zwiebackbröseln) ausstreuen. Den Teig in die Form füllen und die Butter in Flöckchen darauf verteilen.
Auf der mittleren Schiene des auf 180 °C vorgeheizten Ofens etwa 95 Minuten backen. Den Kuchen erst am nächsten Tag servieren.

Französischer Kürbiskuchen

Dieses bäuerliche Rezept stammt aus Südfrankreich. Dort wurde der Kuchen früher auf einem Dreifuß über dem offenen Feuer gebacken. Dazu verwendete man spezielle Formen, deren Deckel eine Vertiefung für heiße Holzkohle besaßen. Sie sorgte dafür, dass der Auflauf gleichmäßig garte. Da haben wir es heutzutage leichter...

500 g Kürbisfleisch, 125 g Butter, 60 g Zucker, 1 EL Kartoffelmehl,
3 EL Milch, 4 Eier, 125 g gemahlene Mandeln,
2 bittere gemahlene Mandeln, 1 EL Orangenblütenwasser,
1 Prise Salz, Butter für die Form

Das Kürbisfleisch in Würfel schneiden und möglichst im eigenen Saft garen. Danach pürieren und mit Butter sowie Zucker verrühren. Das Kartoffelmehl mit der Milch anrühren. Den Brei nochmals aufkochen und mit dem Kartoffelmehl binden. Abkühlen lassen.
Die Eier trennen. Eigelbe mit den beiden Mandelsorten und dem Orangenblütenwasser unter den Teig rühren. Eiweiße mit dem Salz steif schlagen. Locker unter den Teig heben. Die Masse in eine gebutterte Auflaufform füllen.
Auf der mittleren Schiene des auf etwa 175 °C vorgeheizten Ofens 1 Stunde garen. Zur Vorsicht eine Stäbchenprobe machen. Aus der Form stürzen und servieren.

Indian Pumpkin Bread

500 g Kürbispüree (Rezept S. 52), 4 EL Öl,
1/8 l Honig (oder Ahorn- bzw. Rübensirup), 500–600 g Mehl,
2 TL Backpulver, 2 TL Zimt, 1/2 TL Ingwerpulver,
125 g gehackte Pecannüsse, 50 g Rosinen nach Belieben,
Butter und Mehl für die Form

Das Kürbispüree, das Öl und den Honig (oder Sirup) verrühren. In einer Schüssel zunächst 500 g Mehl, Backpulver, Zimt und Ingwer mischen. Das Kürbispüree einarbeiten. Die Nüsse und nach Belieben die Rosinen rasch untermischen. Falls der Teig noch kleben sollte, noch mehr Mehl einarbeiten.
Zwei kleine Kastenformen oder eine lange mit Butter einfetten und bemehlen. Den Teig einfüllen. 10 Minuten im auf 200 °C vorgeheizten Ofen garen, die Hitze auf 175 °C zurückschalten und das Brot weitere 40 Minuten backen.
Etwa 15 Minuten in der Form auskühlen lassen, danach auf ein Kuchengitter stürzen.

☞ Das Brot bleibt im Kühlschrank (in Alufolie eingewickelt) 14 Tage frisch und saftig.

Englische Muffins

500 g Mehl, 200 g brauner Zucker, 100 g Kristallzucker,
1 EL Backpulver, 1 TL Salz, 1 TL Zimt, 1/4 TL Natron,
1/4 TL Ingwerpulver, 125 g flüssige Butter,
125 g Kürbispüree (Rezept S. 52), 80 ml Buttermilch, 2 Eier

In einer großen Schüssel Mehl, Zucker, Backpulver, Salz, Zimt, Natron und Ingwer vermischen. In einer zweiten Schüssel Butter, Kürbispüree, Buttermilch und Eier schaumig schlagen. Mit den trockenen Zutaten aus der ersten Schüssel vorsichtig zu einem glatten Teig verrühren.
In die beschichteten oder mit Papierförmchen versehenen Mulden des Muffinblechs füllen. 15–20 Minuten im auf 175 °C vorgeheizten Ofen hellbraun backen. 5 Minuten in der Form auskühlen lassen.

Kürbis-Käsekuchen

200 g Graham-Kräcker, 100 g Ingwer, 300 g Zucker, 80 g flüssige Butter,
100 g fein gemahlene Walnüsse, 500 g Quark, 500 g Kürbispüree (Rezept S. 52),
60 g Mehl, 1 TL Vanillezucker, $^{1}/_{4}$ TL Muskatnuss, 3 Eier, 2 Eigelb,
$^{1}/_{4}$ l saure Sahne, 2 TL Zucker, $^{1}/_{2}$ TL Orangenextrakt

Die Kräcker zerbröseln, den Ingwer schälen, klein schneiden und zerdrücken.
Brösel und Ingwer mit 100 g Zucker, Butter und Nüssen zu einem Krümelteig
verkneten. Eine Springform (26 cm Durchmesser) mit Backpapier auslegen.
$^{3}/_{4}$ des Teigs fest hineindrücken und am Rand etwas hochziehen. Den Rest
beiseite stellen.
Quark mit dem restlichen Zucker glatt rühren. Mit Kürbispüree, Mehl, Vanillezucker und Muskat vermischen. Nach und nach Eier und Eigelbe unterrühren.
Die Mischung auf dem Teig verstreichen. Im auf 200 °C vorgeheizten Ofen
50−60 Minuten backen. Noch 15 Minuten im ausgeschalteten Ofen stehen
lassen.
Saure Sahne, Zucker und Orangenextrakt mischen und über den Kuchen gießen.
Mit dem restlichen Krümelteig bestreuen. Weitere 15 Minuten bei 200 °C im
Ofen backen. Auf einem Kuchendraht auskühlen lassen.

☞ Den Kuchen 2−3 Tage vor dem Verzehr zubereiten und kühl aufbewahren.

Kürbis-Nuss-Gebäck

Teig: 250 g Mehl, 250 g brauner Zucker, 125 g Butter,
200 g Kürbispüree (Rezept S. 52), ¹/₂ TL Backpulver, ¹/₂ TL Salz,
¹/₄ TL Ingwerpulver, ¹/₄ TL Muskatnuss, 1 TL Zimt,
1 TL Vanillezucker, 2 Eier, 125 g gehackte Nüsse nach Belieben
Glasur: 120 g Frischkäse, 60 g Butter, 400 g Puderzucker,
125 g gemahlene Nüsse und 1 TL Vanillezucker

Alle für den Teig angegebenen Zutaten kräftig miteinander verschlagen. Ein Backblech mit Backpapier auslegen. Den Teig darauf verstreichen. Auf der mittleren Schiene des auf 175 °C vorgeheizten Ofens 20 Minuten backen.
Für die Glasur alle angegebenen Zutaten miteinander verrühren und auf dem fertig gegarten Kuchen verstreichen. Ausgekühlt in 2 x 2 cm oder 3 x 3 cm große Würfel schneiden.

Halloween-Cookies

Diese Plätzchen verteilen amerikanische Hausfrauen am Halloween-Abend an Kinder, die, als Geister verkleidet, an der Haustür klingeln und „Trick or treat" rufen, was so viel bedeutet wie: „Gib uns etwas oder wir spielen dir einen Streich!"

375 g brauner Zucker, 125 g Butter, 2 Eier, 400 g Kürbispüree (Rezept S. 52),
650 g Mehl, 1 TL Backpulver, 1 TL Zimt, 1 Msp. Muskatnuss,
¹/₂ TL Salz, ¹/₄ TL Ingwer, 250 g Rosinen, 250 g gehackte Pecannüsse

Zucker, Butter und Eier schaumig rühren. Alle übrigen Zutaten nach und nach einarbeiten, bis ein homogener Teig entstanden ist.
Ein Backblech mit Backpapier auslegen. Mit zwei Teelöffeln kleine Häufchen Teig auf das Blech setzen. Im auf 200 °C vorgeheizten Ofen 12–15 Minuten hellbraun backen.

☞ Wer mag, kann die Plätzchen nach dem Abkühlen mit Zitronenglasur überziehen. Dazu Puderzucker mit einigen Tropfen Zitronensaft zähflüssig rühren und mit einem Pinsel auf die Plätzchen streichen.

Kürbiskernbrot

*Je nach Belieben kann das Mischungsverhältnis der Mehlsorten variiert werden, also z.B.
für hellen Teig: 500 g Weizenmehl, 200 g Roggenmehl oder für dunklen Teig: 500 g
Roggenmehl, 200 g Weizenmehl.*
*Sie können den Teig zu einem Laib formen und auf dem Backblech backen oder aber in
einer gefetteten Kastenform, einer gewässerten Tonform oder in 1 oder 2 Blumentöpfen aus
Ton. Nach dem Vorbereiten der Form (siehe unten) streut man den Boden mit Kürbiskern-
nen aus. Die Backzeit richtet sich nach der Größe der Backform. Backt man das Brot auf
dem Blech, beträgt sie knapp 2 Stunden.*

500 g Weizenmehl (Type 1050), 200 g Roggenmehl (Type 997),
150 g Sauerteig (vom Bäcker) etwa 1 l lauwarmes Wasser,
1 Würfel Hefe, 5 EL Sonnenblumenöl, 1 EL Salz,
je 60 g gehackte Sonnenblumenkerne und Kürbiskerne,
40 ganze Kürbiskerne, etwas Mehl

Die Mehlsorten in einer großen Schüssel mischen. Den Sauerteig mit ½ l Wasser
verrühren und unter das Mehl mischen. Den Ansatz mit einem Küchentuch
bedeckt etwa 5 Stunden an einem warmen Ort gehen lassen.
Danach die Hefe wiederum mit ½ l Wasser anrühren und mit Öl sowie Salz
unter die Sauerteigmischung arbeiten. Die gehackten Kerne ebenfalls unter-
kneten. Den Teig abdecken und nochmals 1 Stunde gehen lassen.
Den Brotteig auf einer bemehlten Fläche gut durchkneten, zu einem Laib formen (oder in eine Form legen). Nochmals 45 Minuten gehen lassen, bis sich das
Volumen deutlich vergrößert hat. Den Laib in Form drücken, mit etwas Wasser
bestreichen und mit Kürbiskernen bestreuen.
Das Blech auf die untere Schiene des auf 250 °C vorgeheizten Ofens schieben.
Ein Schälchen mit Wasser daneben stellen und den Boden des Ofens mit etwas
Wasser bespritzen. Nach 15 Minuten Backzeit die Hitze auf 190 °C herunter-
schalten. 1 ½ Stunden backen lassen. Das Brot ist fertig, wenn es beim Klopfen
auf die Unterseite hohl klingt. Auf einem Kuchengitter auskühlen lassen.

Roggenknäckebrot

200 g Roggenmehl (Type 997), 150 g Weizenmehl (Type 1050),
50 g gehackte Kürbiskerne, ¹/₂ TL Salz, ¹/₈ l lauwarmes Wasser,
3 EL lauwarme Buttermilch, 4 EL Sonnenblumenöl, etwas Weizenmehl,
Butter oder Backpapier für das Blech, Kürbiskerne ohne Schalen

Roggen- und Weizenmehl in eine Schüssel sieben. Gehackte Kürbiskerne und Salz mit dem Mehl vermischen. In die Mitte eine Kuhle drücken. Wasser, Buttermilch und 3 EL Öl verquirlen, in die Kuhle gießen und von außen nach innen zu einem glatten Teig verarbeiten. Kneten, bis er fest und elastisch ist (am besten geht das mit den Knethaken des Handrührgeräts). Den Teig mit dem restlichen Öl bestreichen. Die Schüssel auf einen Topf mit heißem Wasser setzen. Mit einem Küchentuch abgedeckt etwa 1 Stunde ruhen lassen.
Das Backblech einfetten oder mit Backpapier auslegen. Den Teig auf einer bemehlten Arbeitsfläche 3 mm dick zu einem Viereck ausrollen. Diese in Rechtecke schneiden und auf das Blech legen. Die Oberfläche mit lauwarmem Wasser bepinseln. Die Kürbiskerne darüber streuen und etwas andrücken. 15–20 Minuten im auf 200 °C vorgeheizten Ofen backen. Nach dem Auskühlen in einer gut schließenden Dose kühl und trocken aufbewahren.

Kürbispizza

500 g TK-Pizzateig, 2 EL Paniermehl, 500 g Kürbisfleisch,
500 g Tomaten, 2 Eier, 125 g Crème fraîche, 1 TL Honig, 1 Prise Salz,
1 Msp. Muskatnuss, 20 g Butter, 100 g geriebener Käse (z.B. Gruyère)

Den Pizzateig nach Anweisung auftauen, dünn ausrollen und auf ein mit Backpapier ausgelegtes Backblech legen. Den Teig mit Paniermehl bestreuen.
Kürbisfleisch und Tomaten würfeln. Mit Eiern, Crème fraîche, Honig, Salz und Muskat verquirlen. Die Mischung auf den Teig streichen. Mit Butter in Flöckchen belegen und mit geriebenem Käse bestreuen.
Auf der mittleren Schiene des auf 175 °C vorgeheizten Ofens etwa 20 Minuten backen. Mit grünem Salat als schnelles Abendbrot oder als Partysnack servieren.

EINGEMACHTES UND KOMPOTTE

Zum Einkochen von Kürbis, sei es zu Marmelade und Co. oder zu süßsauren Beilagen, eignen sich die Winterkürbisse besonders gut. Sie werden voll ausgereift geerntet und haben festes, weniger saftiges Fleisch als die Sommerfrüchte.

Zum Haltbarmachen verarbeiten Sie am besten die verschiedenen Sorten des riesigen Zentners. Da sie sich auch als ganze Früchte den Winter über frisch halten, müssen sie nicht alle auf einmal verarbeitet werden. Angeschnittene Früchte allerdings sollten innerhalb von 2–3 Tagen verbraucht werden.
Zunächst einige allgemeine Erläuterungen:
- *Marmeladen sind breiig gekochtes, süßes Mus*
- *Konfitüren enthalten noch Fruchtstückchen*
- *Gelees werden aus Saft gekocht.*

Früher war das Einwecken ein langwieriger Prozess, der sich über mehrere Tage erstreckte. Man musste innerhalb einer Woche das Einmachgut mehrere Male aufkochen, damit es nicht gärte.
Heute dagegen lässt man die Früchte und die übrigen Zutaten nur einmal kurz aufkochen, füllt sie bis zum Rand in heiß ausgespülte Twist-off-Gläser und dreht den Deckel fest zu. Dann stellt man die Gläser für einige Minuten auf den Kopf. Danach sind sie, dunkel, trocken und kühl gestellt, mehrere Monate haltbar. So, und nun viel Glück! Einkochen ist gar nicht so schwer und macht richtig Spaß.

Kürbismarmelade

1 kg Kürbisfleisch, 1 kg Gelierzucker, knapp 1 TL gemahlener Zimt,
$^1/_2$ TL Ingwerpulver, je $^1/_4$ TL Nelkenpulver
und geriebene Muskatnuss, Saft von 2 Zitronen

Das Kürbisfleisch würfeln und in $^1/_8$ l Wasser weich dünsten. Pürieren und abkühlen lassen. Gelierzucker, Zimt, Ingwer, Nelke, Muskat und Zitronensaft unterrühren, das Mus erneut erhitzen und 4 Minuten sprudelnd kochen lassen. Die Marmelade randvoll in Twist-off-Gläser füllen, verschrauben und 10 Minuten auf den Kopf stellen.

Kürbis-Ananas-Konfitüre

1 kg Kürbisfleisch (Potiron), 500 g Zucker,
1 kleine Dose Ananas in Stücken,
Saft und Schale von 1 unbehandelten Zitrone

Das Kürbisfleisch in ganz kleine Würfel schneiden. Mit dem Zucker vermengen und 24 Stunden kühl stellen.
Am nächsten Tag die Ananasstücke in ein Sieb schütten, den Saft dabei auffangen. Die Fruchtstücke fein würfeln. In einem hohen Topf Kürbisfleisch mit Ananassaft- und würfeln, Zitronensaft und -schale aufkochen und 45–50 Minuten köcheln lassen. Öfters umrühren, damit die Konfitüre nicht anbrennt. In Twist-off-Gläser füllen, zuschrauben und einige Minuten auf den Kopf stellen.

Kürbis-Himbeer-Marmelade

500 g Kürbisfleisch, 500 g Himbeeren, 1 kg Gelierzucker,
1 gestrichenen TL Ingwerpulver, 1 EL Apfelessig

Das Kürbisfleisch raspeln und die Himbeeren verlesen. Kürbis und Beeren mit Gelierzucker, Ingwer und Essig in einem Topf vermischen, erhitzen und 4 Minuten sprudelnd kochen lassen. In Twist-off-Gläser füllen, zuschrauben und einige Minuten auf den Kopf stellen.

Aprikosen-Kürbis-Marmelade

1 kg getrocknete Aprikosen, 2 kg Kürbisfleisch, 2 kg Zucker,
2 TL Vanillezucker, Saft und abgeriebene Schale
von 1 unbehandelten Zitrone

Die Aprikosen mit 2 l kochendem Wasser übergießen, 24 Stunden quellen lassen. Am nächsten Tag die Früchte 30 Minuten kochen, das überschüssige Wasser abgießen und die Früchte stampfen.
Das Kürbisfleisch fein würfeln und in ganz wenig Wasser ebenfalls 30 Minuten kochen. Danach pürieren. Das Püree mit dem Zucker und den Aprikosen vermischen. Vanillezucker, Zitronensaft und -schale zufügen. Nochmals 30 Minuten kochen. Öfter umrühren. In Twist-off-Gläser füllen, verschließen und 10 Minuten auf den Kopf stellen.

☞ Anstelle der getrockneten Aprikosen können Sie auch 1 kg frische Pfirsiche verwenden. Dazu die Früchte blanchieren, häuten, würfeln, in wenig Wasser dünsten und pürieren.

Kürbiskonfitüre mit Orangen

500 g Kürbisfleisch, Saft und Schale von 1 unbehandelten Orange,
500 g unbehandelte Orangen mit dünner Schale,
1 kg Gelierzucker, 20 g Zitronensäure, 1 EL Vanillezucker

Das Kürbisfleisch in ganz feine Würfel schneiden. Die Schale der einzelnen Orange abreiben und die Frucht auspressen. Die übrigen Orangen mit Schale ganz fein würfeln. Kerne dabei entfernen.
Orangensaft, -schale und -würfel mit Gelierzucker, Zitronensäure und Vanillezucker erhitzen und 4 Minuten sprudelnd kochen lassen.
Noch heiß in Twist-off-Gläser füllen, verschrauben und 10 Minuten auf den Kopf stellen.

☞ Sie können die Konfitüre mit zusätzlichen Gewürzen wie Zimt, Nelkenpulver oder Minzblättchen aromatisieren.

Senffrüchte

500 g Kürbisfleisch, ¹/₂ l Weißweinessig, 1 Stück frische Ingwerwurzel,
je 250 g frische Aprikosen und Pflaumen,
¹/₄ l trockener Weißwein, 300 g Zucker, ¹/₂ Zimtstange, 8 Nelken,
50 g Rosinen, 2 EL Senfpulver, 1 TL Senfkörner

Das Kürbisfleisch in 2 cm große Würfel schneiden. Den Weinessig mit 1 l Wasser vermischen, zum Kochen bringen und die Kürbiswürfel 4–5 Minuten darin garen. Herausnehmen und abkühlen lassen.
Den Ingwer schälen und blättrig schneiden. Die Aprikosen und Pflaumen halbieren und entkernen. Die Kochflüssigkeit mit Weißwein, Ingwer, Zucker, Zimt und Nelken aufkochen. Aprikosen, Pflaumen und Rosinen dazugeben und alles 10 Minuten sanft köcheln lassen. Im Saft erkalten und über Nacht ziehen lassen. Am nächsten Tag die Früchte aus dem Saft heben und in Gläser schichten. Den Saft mit dem Senfpulver verrühren. Die Senfkörner einstreuen. Saft erhitzen und 15 Minuten dick einkochen lassen. Über die Früchte gießen und die Gläser gut verschließen.
Senffrüchte sind eine köstliche Beilage zu Fondue, zu Wild und herzhaft belegten Broten.

Eingemachtes Kompott mit Feigen

750 g Kürbisfleisch, 750 g frische Feigen, ³/₄ l Weißweinessig,
¹/₂ l Weißwein, 500 g brauner Zucker, 4 Lorbeerblätter,
2 Vanilleschoten, 2 Nelken

Das Kürbisfleisch in große Stücke schneiden. Die Feigen waschen und den Stiel abschneiden. Die Früchte längs vierteln und einmal quer durchschneiden.
Essig und Wein mit Zucker, Lorbeerblättern, Vanille und Nelken zum Kochen bringen. Den Kürbis einlegen und 20 Minuten darin weich kochen, herausheben. Die Feigen ebenfalls in den Sud einlegen und kurz aufkochen.
Kürbis und Feigen in Twist-off-Gläser füllen. Den Sud nochmals zum Kochen bringen und die Früchte sofort damit bedecken. Die Gläser sollen randvoll sein. Fest verschrauben.

Kürbis-Limonen-Konfitüre

*1 kg Kürbisfleisch, 500 g Rohrzucker, 2 unbehandelte Limonen,
500 g Gelierzucker, 1 Beutel Gelierfix*

Das Kürbisfleisch fein würfeln und mit dem Rohrzucker vermischen. Über Nacht Saft ziehen lassen.
Die Limonen waschen, die Schale fein abreiben und die Früchte auspressen. Kürbis-Zucker-Gemisch, Limonensaft- und schale mit Gelierzucker und Gelierfix in einem großen Topf erhitzen und 4 Minuten sprudelnd kochen lassen. Die heiße Konfitüre in Twist-off-Gläser füllen und verschließen.

Kürbisgelee

*1 $^1\!/_2$ kg Kürbisfleisch, Saft von 2 Zitronen,
1 kg Gelierzucker, 1 TL gehackte Pfefferminze*

Das Kürbisfleisch 30 Minuten in 1 l Wasser kochen lassen. Ein Sieb mit einem Tuch auslegen. Das Fruchtfleisch hineinlegen und abtropfen lassen, den Saft dabei in einer Schüssel auffangen. Das Kürbisfleisch fest über der Schüssel auspressen. Den Kürbissaft erkalten lassen und $^3\!/_4$ l davon abmessen (den Rest anderweitig verwenden).
Den Kürbissaft mit dem Zitronensaft sowie dem Gelierzucker erhitzen und 4 Minuten sprudelnd kochen lassen. Mit der gehackten Minze verrühren, sofort in Twist-off-Gläser füllen und verschrauben.

☞ Statt mit Wasser kann man das Gelee auch mit Apfelsaft zubereiten und 1 Stück Zimtstange mitkochen lassen.

Kürbis-Chutney

2 dicke Zwiebeln, 1 kg Kürbisfleisch, 200 g getrocknete Aprikosen,
1 Stück (etwa 2 cm) frische Ingwerwurzel, 250 g Rosinen,
1 TL schwarze Pfefferkörner, 1 TL Salz, 250 g Zucker, 1 Zimtstange,
2 Nelken, ³/₄ l Weißweinessig

Die Zwiebeln schälen und fein würfeln. Das Kürbisfleisch und die Aprikosen ebenfalls fein würfeln. Den Ingwer schälen und reiben. Kürbis, Aprikosen und Ingwer mit Rosinen, Pfeffer, Salz, Zucker, Zimt, Nelken und Essig in einem großen Topf zum Kochen bringen. Bei kleiner Hitze zugedeckt 1–1 ½ Stunden köcheln lassen; der Kürbis sollte dann weich und die Flüssigkeit fast vollständig verkocht sein. Sofort in Twist-off-Gläser füllen und gut verschließen.
Das Chutney ist eine köstliche Beilage zu kaltem Fleisch, Fondues oder zu einer chinesischen Reistafel. Es hält sich – kühl, dunkel und gut verschlossen aufbewahrt – mehrere Monate.

☞ Sie können das Rezept „verschärfen", indem Sie 30 g getrocknete, zerstoßene Chilischoten und 6 gehackte Knoblauchzehen mitkochen lassen.

Königlicher Kürbis

1,5 kg Kürbisfleisch, ¹/₂ l heller Traubensaft, 2 Teilstriche Essigessenz,
Saft von 1 Zitrone, 1 kg Zucker, 2 TL Salz, 1 Orange,
50 g Meerrettich, 5 Nelken, 1 Vanillestange, 1 Stück Zimtstange

Das Kürbisfleisch würfeln. Traubensaft, ¹/₂ l Wasser, Essigessenz, Zitronensaft, Zucker sowie Salz erhitzen und so lange kochen, bis sich der Zucker aufgelöst hat. Die Kürbiswürfel einlegen und bissfest kochen.
Die Kürbiswürfel mit einer Schaumkelle aus dem Sud heben. Die Orange schälen, das Fruchtfleisch würfeln. Meerrettich, Nelke, Vanille und Zimt in ein Mullsäckchen binden und mit dem Fruchtfleisch aufkochen. Die Kürbiswürfel zufügen und erneut zum Kochen bringen. Ganz heiß in Twist-off-Gläser füllen und verschrauben.

Kürbis, in Weinbrand eingelegt

300 g Backpflaumen ohne Stein, ¹/₄ l Weinbrand, 750 g Silberzwiebeln,
1 Stück frische Ingwerwurzel, 1 kg Kürbisfleisch, ³/₈ l Weißwein,
³/₈ l Weißweinessig, 500 g flüssiger Honig, geschält, 5 Lorbeerblätter

Die Backpflaumen mit dem Weinbrand übergießen und über Nacht quellen lassen. Die Zwiebeln schälen. Den Ingwer ebenfalls schälen und in Scheiben schneiden. Das Kürbisfleisch würfeln.
Wein, Essig und Honig mit Ingwer und Lorbeerblättern aufkochen lassen. Die Zwiebeln einlegen und 20 Minuten in dem Sud garen. Danach herausheben. Die Kürbiswürfel in den Sud einlegen, in etwa 5 Minuten glasig kochen und ebenfalls herausheben.
Die Pflaumen aus dem Weinbrand nehmen und mit Zwiebeln und Kürbis abwechselnd in Twist-off-Gläser schichten. Den Weinbrand mit dem heißen Sud vermischen und diesen auf die Gläser verteilen. Gut verschließen und 1 Woche durchziehen lassen. Kühl und dunkel gestellt, hält sich das Kompott einige Monate. Es dient als Beilage zu Wild und Geflügel.

Sauer eingelegter Kürbis

5 kg Kürbis, 5 unbehandelte Zitronen, 60 g Senfkörner, 3 Nelken,
3 Lorbeerblätter, je 1 TL Thymian und Dill, 50 g Salz

Den Kürbis schälen, Fasern und Kerne entfernen. Das Fruchtfleisch wie Sauer-
kraut hobeln. Die Zitronen heiß abwaschen und in dünne Scheiben schneiden.
Kürbis und Zitronen mit Senfkörnern, Nelken, Lorbeerblättern, Thymian, Dill
und Salz in Steintöpfe schichten. Jeweils mit einem Brett und einem Stein
beschweren.
Einige Wochen durchziehen lassen. Das Brett und der Stein sollten während
dessen einmal pro Woche abgewaschen werden. Wie Rohkostsalat verwenden.

Kürbis, süßsauer eingelegt

Das klassische Kürbisrezept, das in Deutschland vielen als Erstes in den Sinn kommt,
wenn das Stichwort „Kürbis" fällt.

1 kg Kürbisfleisch, 500 g Zucker (Kandis- oder Gelierzucker),
$^1/_4$ l Weißweinessig, Saft und Schale von 1 unbehandelten Zitrone,
$^1/_2$ Zimtstange, 1 Stück frische Ingwerwurzel, 4 Nelken

Das Kürbisfleisch in 2 cm große Würfel schneiden. $^1/_2$ l Wasser mit Zucker, Essig,
$^1/_2$ l Wasser, Zitronensaft und -schale aufkochen. Den Kürbis 10 Minuten darin
ziehen lassen.
Zimt, Ingwer und Nelken in ein Mullsäckchen binden, zum Fruchtfleisch geben
und 30 Minuten mitkochen lassen. Das Gewürzsäckchen entfernen.
In einer Schüssel zum direkten Verzehr abkühlen lassen oder in Twist-off-Gläser
füllen und sofort verschrauben.
Der so zubereitete Kürbis schmeckt als Beilage zu gekochtem, kaltem oder
warmem Rindfleisch, zu Bratkartoffeln und Sülze, belegten Broten, Fondue
und und und…

☞ Sie können auch $^1/_4$ l Rotweinessig und $^1/_2$ l Rotwein anstelle von Weißweinessig und Wasser verwenden.

Schlesischer Gewürzkürbis

1 großer Kürbis (z.B. Gelber oder Roter Zentner),
Salzwasser (1 TL Salz auf 1 l Wasser),
6–8 Zwiebeln (nach Belieben mehr), frische Weinblätter, Kirschblätter,
1 Stück frischer Meerrettich, einige Dillzweige, 6–8 Lorbeerblätter

Den Kürbis schälen, von Fasern sowie Kernen befreien und in Stücke schneiden. Wasser mit der entsprechenden Menge Salz zum Kochen bringen. (Großzügig bemessen! Es muss ausreichen, um das eingelegte Kürbisfleisch vollständig damit zu bedecken.) Abkühlen lassen.
Die Zwiebeln schälen, Wein- und Kirschblätter sorgfältig waschen. Den Meerrettich putzen und in Scheiben schneiden.
Den Kürbis nun schichtweise mit Zwiebeln, Blättern, Meerrettich, Dillspitzen und Lorbeerblättern in einen großen Steintopf legen. Mit dem abgekühlten Salzwasser bedecken. Mit einem Brett und einem Stein beschweren.
Gut durchgezogen ist er nach 3–4 Wochen. Brett und Stein sollten einmal pro Woche abgewaschen werden. Das Gemüse hält sich mehrere Monate.

Kürbiskompott

4 kleine Hokkaidos, 1 unbehandelte Zitrone, $^1/_8$ l Johannisbeersaft,
250 g rote Johannisbeeren, 2 EL Honig (oder Ahornsirup)

Von den Hokkaidos jeweils einen Deckel abschneiden und beiseite stellen. Das Fruchtfleisch vorsichtig aushöhlen, damit die Schalen nicht verletzt werden. Sie sollen als Kompottschälchen dienen. Die Fasern und Kerne entfernen und das Kürbisfleisch in kleine Würfel schneiden. Die Zitrone schälen und das Fruchtfleisch klein schneiden.
Den Johannisbeersaft zum Kochen bringen und Kürbiswürfel, Zitronenstücke sowie -schale 10 Minuten darin köcheln lassen.
Inzwischen die Johannisbeeren waschen, abrebeln und mit Honig (oder Sirup) süßen. Die gekochten Fruchtstücke aus dem Saft heben und mit den Beeren vermischen. Den Saft dicklich einkochen lassen, die Zitronenschale entfernen. Die Kompott-Beeren-Mischung mit dem Saft begießen und erkalten lassen.
Die Kürbisschälchen mit der Mischung füllen, auf Glasteller stellen und mit Kürbisblättern oder Efeu dekorieren. Z.B. zu gebratener Speckscholle servieren.

☞ Das Kompott ist bei Kindern auch ein willkommener Nachtisch.

Kürbis-Preiselbeer-Kompott

500 g Kürbisfleisch, 500 g frische Preiselbeeren, 100 g Zucker,
1 TL Vanillezucker, 1 Stück Zimtstange

Das Kürbisfleisch in Würfel schneiden. Die Preiselbeeren waschen und verlesen. Beides in einem großen Topf mit Zucker und Vanillezucker vermischen. Langsam zum Kochen bringen, damit sich während des Erhitzens Saft bilden kann. Umrühren, die Zimtstange zufügen und das Ganze 10 Minuten köcheln lassen, der Kürbis soll danach fast weich sein. Die Zimtstange entfernen, das Kompott abkühlen lassen. Zu Wild oder Rinderbraten servieren.

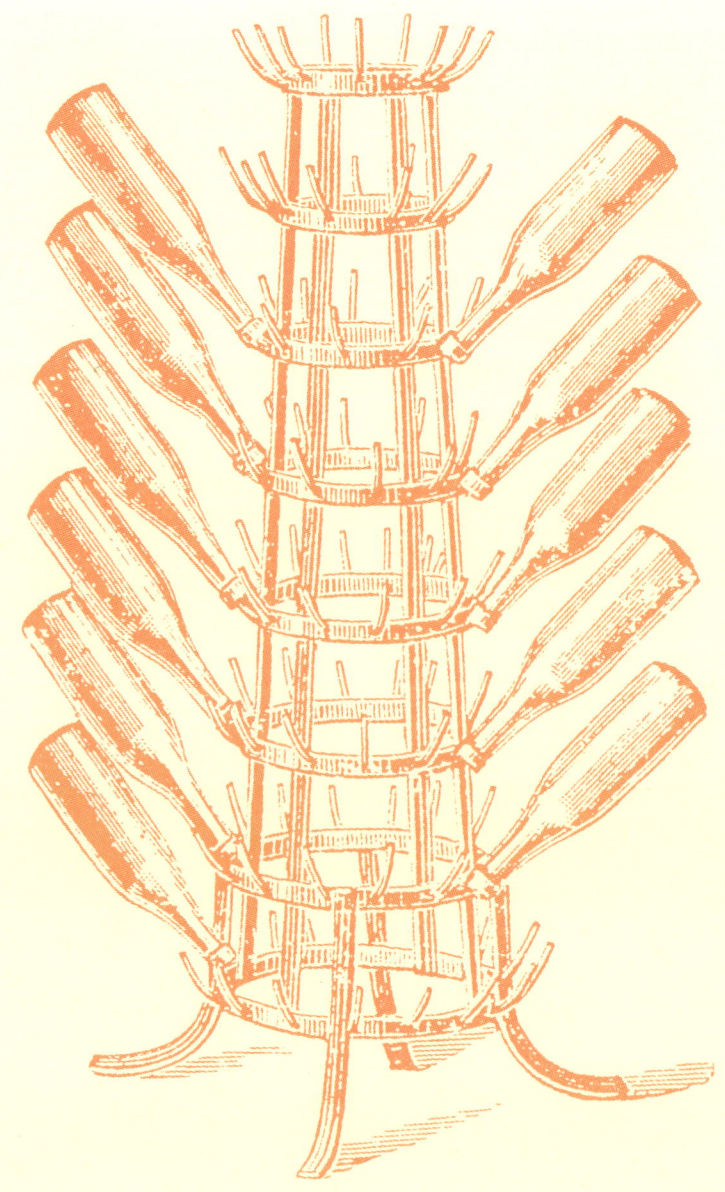

GETRÄNKE

Auf dem Gebiet der mit Kürbis zubereiteten Getränke gibt es für Experimentierfreudige noch viel zu entdecken. Hier sind ein paar Getränke, die zu eigenen Kreationen inspirieren sollen. Gegen den großen Durst kann man übrigens auch gut gekühlte, saftige Sommerkürbisse als verdünntes Püree, mit Zimt, Zucker sowie Zitronensaft, oder aber ganz einfach wie Melonen in Spalten servieren.

Hexenpunsch

In Neuengland wird das Getränk „Hexengebräu" genannt und von Halloween bis Weihnachten lieben Gästen serviert.

*12 Eigelb, 200 ml Milch, 1 Msp. Salz, 150 g Zucker, 12 Eiweiß,
$^1/_4$ l geschlagene Sahne, $^1/_2$ l Aprikosennektar,
$^1/_8$ l Weinbrand, 4 cl Triple sec (oder Curaçao), 1 Prise Muskatnuss*

Die Eigelbe im Wasserbad schaumig schlagen. Milch, Salz und $^3/_4$ des Zuckers zufügen. Rühren, bis sich der Zucker gelöst hat. Vorsicht! Nicht kochen lassen, sonst stockt das Eigelb. Aus dem Wasserbad nehmen und dann zum Abkühlen beiseite stellen.
Die Eiweiße mit dem restlichen Zucker steif schlagen. Die Sahne schlagen und zusammen mit der Eigelbmasse unterheben. Mit Nektar, Weinbrand und Triple sec verrühren. Abdecken und einige Stunden (am besten über Nacht) kühl stellen. Vor dem Servieren nochmals aufschlagen. In Punschgläser gießen, mit etwas Muskatnuss bestreuen und sofort servieren.

Milchshake

Pro Becher: 1 Kugel Vanilleeis, $^1/_8$ l Milch, $^1/_2$ TL Vanillezucker,
2 EL Kürbispüree (Rezept S. 52), einige Spritzer Rumaroma,
1 Prise Muskatnuss

Alle Zutaten gut verquirlen und in einen hohen Becher füllen. Mit geriebener Muskatnuss würzen.

Vitamin-Bömbchen

Ein fruchtiges Getränk, das, gut gekühlt, nicht nur den Durst löscht, sondern auch eine Vielzahl an wertvollen Vitaminen und Spurenelementen enthält. Am besten eignen sich dafür die stärker parfümierten Sorten wie Moschuskürbis, Butternuss oder Patisson.

250 g Kürbisfleisch, 250 g vollreife Brombeeren,
Sahne nach Belieben, Selterswasser (oder Sekt),
Ahorn- oder Akazienhonig nach Geschmack

Das Kürbisfleisch ganz fein reiben oder pürieren. Von den Brombeeren einige als Garnitur beiseite legen und die übrigen durch ein Sieb passieren. Eventuell etwas Sahne einrühren. Mit Wasser (oder Sekt) nach Geschmack auffüllen. Mit Honig süßen. Einige Brombeeren auf den Boden der Gläser legen und das Getränk eingießen. Durchrühren.

☞ Ohne Zugabe von Wasser kann man nach diesem Rezept auch eine Dessertcreme zubereiten und sie mit einem Sahnehäubchen und einigen Beeren garnieren.

Vorspeisen, Snacks und Salate

Suppen

Eintöpfe

Gemüsegerichte

Fleischgerichte

Saucen

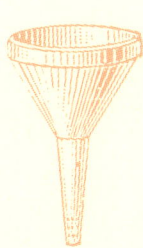

Desserts

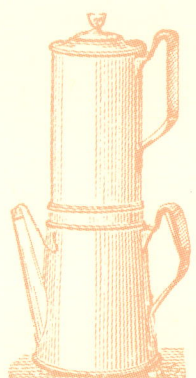

Backwerk

Eingemachtes und Kompotte

Getränke

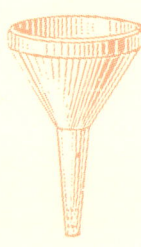